여성을 위한
80세의 벽

일러두기

1. 외래어 표기는 국립국어원의 외래어표기법을 따랐으나, 일반적으로 굳어진 표기는 존중했습니다.
2. 본문의 엔화는 독자의 이해를 돕기 위해 원화로 환산해 표기하였으며 100엔당 1,000원의 환율 기준을 적용했습니다.

Original Japanese title: ONNA 80 SAI NO KABEONNA 80 SAI NO KABE

© 2025 Hideki Wada

Original Japanese edition published by Gentosha Inc.

Korean translation rights arranged with Gentosha Inc.

through The English Agency(Japan) Ltd. and Danny Hong Agency

이 책의 한국어판 저작권은 대니홍 에이전시를 통한 저작권사와의 독점 계약으로 한즈미디어(주)에 있습니다. 저작권법에 의해 한국 내에서 보호를 받는 저작물이므로 무단전재와 복제를 금합니다.

여성을 위한 80세의 벽

남을 위한 삶에서
나를 위한 삶으로

와다 히데키 지음 | 김향아 옮김

한스미디어

The Wall at Age 80 for Women

★ 시작하며 ★

나이 들수록
더욱 빛나는 여성의 삶을 위하여

  2022년에 출판된 전작 《80세의 벽》은 상상했던 것 이상의 호응을 얻어 그해 종합 베스트셀러(주식회사 토한 조사) 1위에 올랐습니다. 한 해에 7만 권 이상의 신간이 쏟아진다고 하는데 그 모든 책을 제치고 1위를 차지했으니 이렇게도 감사한 일이 있을까 싶습니다.

  사실 《80세의 벽》을 내기 전에는 이와 같은 책을 사람들이 읽을까 싶어 불안했습니다. 그간 시니어의 건강을 주제로 다룬 책들과는 그 결이 사뭇 다르기 때문이었습니다. 하지만 불안은 말 그대로 기우에 불과했습니다. 수많은 시니어-고령자들이 일부러 서점까지 찾아와 이 책을 읽고 고개를 끄덕여 주었고 가족과 친구, 후배에게 권하고 함께 읽었습니다. 저자로서 한없이 기쁘고 고마운 마음이었습니다.

책을 읽는다는 행위는 사실 엄청난 에너지가 필요합니다. 지력과 이해력뿐만 아니라 집중력과 호기심이 없으면 끝까지 읽어내기 어렵기 때문입니다. 특히 젊은 세대는 점점 책을 읽지 않고 있습니다. 이에 반해 《80세의 벽》이 보여준 큰 인기는, 고령자의 집중력과 지력도 젊은이들 못지 않다는 것을 실체적으로 보여준 계기라고 생각합니다.

단순한 '고령자'가 아니라 '행복한 고령자'라는 표현도 호의적인 반응을 이끌어냈습니다.

행복한 노후는 돈이 많고 사회적인 지위가 높음을 의미하지 않습니다.

나답게, 좋아하는 것을 하며 사는 것입니다.

본인이 행복함을 느낀다면 그는 '행복한 고령자'입니다.

행복한 고령자가 많아지면 젊은 세대에게 희망을 줄 수 있습니다.

2025년 현재, 80세는 1945년생입니다. 이들은 전후 세대로 상상할 수 없이 힘든 시대를 견뎌냈습니다. 자신보다 가족을 위해 희생하고 나라를 선진국 반열로 이끌어 왔습니다. 때문에 앞으로 남은 시간은 보다 자신의 인생을 즐기고 행복하게 살길 바라는 마음에서 '행복한 고령자'라고 이름 지었습니다.

《80세의 벽》이후《70세의 정답》과《80세의 벽: 실천편》을 펴낸 데 이어, 이번에는 일부러 여성을 위한 책을 집필했습니다.《여성을 위한 80세의 벽》은 이전보다 더 진화하고 더욱 깊이 있는 내용을 담고 있습니다.
  이번 책에 대한 단초는 어떤 강연회에서였습니다. 당시 청중의 80~90%가 여성이었는데, 한눈에 보아도 모두 행복한 여성뿐이었습니다.
  지금까지 많은 칼럼과 책을 통해 여성은 나이를 먹을수록 활기차고 남성은 위축되어 간다고 말했는데, 강연장에서 유쾌하고 행복한 고령의 여성들을 보니 역시 내 말이 맞았다고 다시 한번 생각했습니다.

강연장에서 만난 여성들은 이미 '80세의 벽'을 유유히 넘고 있는 사람, 쉽게 넘을 듯한 사람들이 대부분이었습니다. 그렇다면 이번에는 '90세의 벽' 정도가 아니라 '100세의 벽'도 넘을 수 있도록 도움이 되면 좋겠다는 생각에 글을 쓰기 시작한 것입니다.

여성이 남성에 비해 나이 들수록 활기차고 생명력이 왕성하다는 말은 틀림없는 사실입니다.

행복한 노년의 여성들이 더욱 행복하고 알찬 나날을 보냈으면 합니다. 이런 바람을 담아 건강과 장수에 꼭 필요한 이야기들을 책에 담아냈습니다.

물론 이들의 파트너인 남성들도 꼭 읽어주셨으면 합니다. 《80세의 벽》에서는 알지 못했던 건강 장수의 힌트를 두 배로 발견할 수 있습니다.

이 책에서는 각 섹션의 제목을 '센류●'처럼 쓰는 자그마한 시도를 해보았습니다. 비록 잘 쓴 시는 아니지만 소리 내서 읽어보면 좋겠습니다. 나름 읽는 재미가 있을 것으

● 일본의 정형시로 5-7-5조의 음율을 가진다_옮긴이

로 생각합니다.

소리를 내면 목의 근육과 표정 근육이 단련되어 얼굴이 밝아집니다. 뇌로 가는 혈류도 좋아져 머리가 맑아집니다.

모쪼록 이 한 권의 책이 여러분의 건강과 장수에 조금이라도 도움이 되었으면 합니다.

지은이 와다 히데키

★ 차례 ★

시작하며 나이 들수록 더욱 빛나는 여성의 삶을 위하여 • 5

1장
두 번 피어나는 여성의 인생

나의 인생은 내가 주인공인 나의 드라마 • 17

아이의 자립, 새로운 인생의 막이 열린다 • 19

편안한 죽음, 매일의 최선이 쌓여 만들어낸다 • 21

행복과 불행, 판가름하기 위한 나만의 기준 • 23

아무렴 어때, 인정하고 나면 편안해진다 • 26

살아갈 날 중 가장 젊은 날은 바로 이 순간 • 28

타인과 나는 엄연히 따지면 다른 존재 • 30

또 해냈구나! 나의 기록 경신은 오늘도 진행 중 • 33

경험의 가치, 한껏 끌어올리는 나의 매력 • 36

어린 사람이 무얼 알겠느냐며 기세 올리기 • 39

노년의 실패, 나이 탓으로 돌려 웃어넘기기 • 41

마음의 그릇, 큰 사람일수록 적당한 삶을 • 44

허울 좋은 말, 이해가 안 되는 척 흘려듣는다 • 47

순수 그 자체, 좋아하는 것을 좇아가는 삶 • 50

어머니의 삶, 자유롭고 멋대로인 사랑스러움 • 54

똑같은 인생, 남들 기준에 맞춘 따분한 인생 • 57

타버리기 전에 나를 위해 준비하는 반짝이는 삶 • 61

2장
훌륭하게 이뤄낸 여성의 편안한 죽음

인간이라면 누구나 언제든지 세상을 떠난다 • 65
뛰어난 명의도 사람의 수명은 어찌할 수 없는 법 • 68
죽음의 문턱, 두려워하지 말고 받아들이기 • 71
쇠약해진 나, 인정하고 나면 마음이 편하다 • 74
남은 시간을 남김없이 후회 없이 다 쓰고 가기 • 77
내일이 아닌 오늘이라는 날의 꽃을 따라 • 80
편안한 죽음, 그야말로 지금은 '대왕생' 시대 • 83
고독한 죽음, 자유롭게 살았단 증거일 수도 • 85
인생의 결말, 정해놓은 대로 되지 않는 법 • 88
편안한 죽음, 그 시작점은 바로 환갑부터 • 91
오래 살기란 올바른 생활보다 즐거운 생활 • 94
죽음의 순간, 고통이란 없다 단지 편안할 뿐 • 97

3장
남성 호르몬이 여성에게 효과가 있다?

나이가 들어 시들어가는 남자 피어나는 여자 • 103
성 호르몬, 생명력을 가르는 가늠자 • 105
육류야말로 건강을 유지하는 비결이 된다 • 107
오늘의 근력, 계속 유지해서 장수하기 • 109
미모와 건강, 성 호르몬 보충으로 유지하기 • 112
성 호르몬, 많은 사람일수록 정이 많다 • 115

언제까지나 윤택해지려면 여성 호르몬 • 117

젊음 되찾기, 예방의 비책은 일본식 라멘 • 119

건강검진, 받지 않는 여성이 오래 사는 법 • 122

건강검진은 사람의 수명을 측정할 수 없다 • 125

의사의 지시, 진지하게 들으면 암에 걸린다 • 128

암을 외면해야, 치료를 하더라도 고통만 있을 뿐 • 131

즐거움을 줄여 생명까지 깎아내는 어리석은 사람 • 133

육류를 먹자, 콜레스테롤은 우리 편이니까 • 135

염분 줄이기, 지나치게 줄이면 죽음에 이른다 • 137

혈압을 낮춰 오히려 가까워지는 치매 • 139

하루하루를 '실험의 장'으로 만들어보기 • 141

실패는 곧 내일을 살기 위한 양식이 된다 • 144

다이어트는 뇌와 의욕까지 마르게 한다 • 147

호빵맨 얼굴, 모두를 행복하게 하는 둥근 얼굴 • 150

4장
설렘이야말로 아름다움과 장수의 묘약

젊음 되찾기, 특효약은 바로 연애입니다 • 155

성이야말로 노년의 여성일수록 원만하게 • 157

얽매여 살기, 더 이상 그럴 시간은 없다 • 160

떠난 사람은 떠난 사람인 채로 지금을 살기 • 162

설레는 마음, 그것은 신이 내려준 선물 같은 것 • 165

인기의 비결, 인기를 얻겠다는 마음가짐 • 168

재미없는 세상, 그럴수록 세상을 더욱 재미있게 • 170

나만의 방식, 실현하면 할수록 매력이 커진다 • 173

풍부한 경험, 돈으로 살 수 없는 보물 같은 것 • 176

있는 그대로, 무리하지 않고 맞추지 않고 • 178

푸근하다는 말, 고령 여성에게는 칭찬 같은 말 • 180

조금 통통하게, 콜레스테롤은 낮추지 말고 • 182

인간은 모두 세상을 떠날 때는 혼자인 법 • 184

5장
어차피 남편은 남의 편

위축된 남편, 신경 쓰지 말고 기분전환을 • 189

더 이상 나는 남편의 엄마로 살지 않아 • 192

자립한 남편으로 만들고 싶다면 보살피지 마라 • 195

외출만으로 은퇴남편증후군을 예방한다 • 197

나도 모르게 은퇴남편증후군 중증일지도 • 200

가까운 거리, 부부를 망치는 지름길 • 202

결혼의 거리, 가깝지도 멀지도 않은 거리 • 205

성 이야기, 진심을 터놓고 다가가기 • 208

노년의 자세, 겉모습보다는 삶의 방식 • 211

떠나간 사랑, 이제 남은 것은 혼자만의 삶 • 213

혼자만의 삶, 자유롭게 멋대로 구가하기 • 215

6장
좋은 사람보다 좋은 여자로 죽고 싶다

세상 떠난 후 세간의 평가는 알 수 없는 법 • 219

죽어서까지 살아있는 사람을 얽매지 말 것 • 222

하고 싶은 것, 지금 안 하면 언제 하나 • 225

사람의 마음, 아무리 읽어내려 해도 안 되는 것 • 228

편안한 노후, 좋은 사람이라는 가면을 벗자 • 231

성형한 얼굴, 당당하게 떳떳하게 말하면 어때 • 234

모아놓은 돈, 죽을 때 무덤에 가져가지 못한다 • 237

돈이 없다면 나라에 낸 돈을 돌려받으면 된다 • 240

오기란 것은 부리면 부릴수록 손해를 본다 • 243

비관보다는 미래에 대한 희망을 갖고 살기 • 245

편리한 세상, 고령자의 목소리가 만들어낸다 • 248

함께하는 미래, 고령자의 돈이 변화를 만든다 • 251

맺으며 • 253

1장

두 번 피어나는
여성의 인생

The Wall at Age 80 for Women

나의 인생은
내가 주인공인 나의 드라마

여성 90세 시대가 도래했습니다. 일본인의 평균 수명은 1947년에 갓 50세를 넘는 수준이었습니다. 지금은 세계 최고의 장수국으로 알려졌지만 약 사반세기 전에는 50세도 넘기지 못하는 '단명국가'였던 셈입니다. 참고로 1890년에 호주가 세계 최초로 평균 수명 50세를 넘었는데, 당시 일본인의 평균 수명은 40세 안팎이었습니다. 현재 수명의 절반 정도였던 것이지요.

우리는 흔히 포괄적으로 '인생'이라고 말하는데, 그 인생을 '어떻게 살 것인가'에 대한 태도는 최근 100년간 크게 바뀌었습니다. 그런 의미에서 인생을 '제1의 인생', '제

2의 인생'으로 나누어 볼 수 있습니다.

예를 들어, '제1의 인생'은 양육과 일을 통해 사회적 책임을 다하는 시기이고, '제2의 인생'은 나 자신을 위해 살아가는 시기입니다.

이렇게 나누어 생각하면 제2의 인생에서는 다양한 가능성이 펼쳐집니다.

만약 제2의 인생이 시작되었다고 합시다. 제2의 인생을 남편과 행복하게 꾸려가는 것도 물론 매우 멋진 삶입니다. 반면 남은 인생도 남편과 보내야 한다는 생각에 한숨부터 나온다면 따로 지내는 편이 나을 수도 있습니다.

안타깝게도 현재 행복하지 않은 관계가, 혹은 지금 함께 있어도 행복하지 않은 배우자가 노후에 갑자기 좋아질 수는 없기 때문입니다. 별안간 대화 소재가 넘쳐나서 웃음이 끊이질 않는다거나 마치 딴사람이라도 된 듯 사근사근해질 일은 거의 없습니다. 오히려 지금보다 더 나빠지는 경우가 대부분입니다.

혹시라도 지금 마냥 참고만 있다면 남은 인생에서 필요한 인내심의 정도는 더욱 커져만 갈 것입니다.

아이의 자립,
새로운 인생의 막이 열린다

그렇다면 제2의 인생은 언제일까요?

당연히 정해진 때는 없습니다. 또 반드시 '2부제'가 아니어도 됩니다. 3부제, 4부제도 좋고, 수차례 새로운 인생을 시작해도 좋습니다.

여러 가지 역할을 연기하는 배우처럼 스스로 주인공이 되어 다채로운 드라마를 만들면 됩니다. 상상만 해도 즐거운 일 아닌가요?

아이가 있다면 당연히 육아의 책임이 있으므로 아이가 성인이 된 후에 시작하면 됩니다. 전업주부라면 남편의 정년 시기에 인생의 새로운 장을 펼치는 방법도 있습니다. 자신의 정년과 동시에 제2막을 시작한다면 더할 나위 없이 후련할 것입니다.

어떤 계기라도 좋습니다.

남은 삶을 어떻게 보내고 싶은지 잠시 멈춰 서서 생각할 수 있다는 점이 바로 '인생 2부제'가 주는 즐거움입니다.

가령 결혼했더라도 말이 잘 통하는 사람이나 함께 있으면 편안한 사람이 생겼다면 그 사람과 잘 지내면 됩니다. 이런 선택이 가능한 인생이라니, 더욱 즐거울 것 같지 않나요?

무책임하다고 생각할 필요는 없습니다. 왜냐하면 지금까지 자신의 역할에 충실했으니까요. 소임을 다하고 새로운 장을 여는 것에 전혀 문제가 없습니다. 중학교를 졸업하고 고등학교에 입학하는 마음이면 충분합니다.

편안한 죽음,
매일의 최선이 쌓여 만들어낸다

제가 환자들에게 자주 하는 말이 있습니다.

"나이가 들어도 스타일리시하게 삽시다."

"팬클럽 활동도 열정적으로 하고, 연애를 시작해보는 것도 좋습니다."

"샤넬과 구찌 같은 명품도 행복한 노년 여성에게서 더욱 빛을 발합니다."

나이 때문에 안 된다고 자제하지 말고 나이가 들었으니 이것저것 다 해보고 싶다는 적극적인 태도로 사는 것이 중요합니다.

편안한 죽음이라고 하면 어떤 이미지가 떠오르나요?

고통 없이 잠자듯 평온하게 떠나는 것인가요? 병사나 사고가 아니라 노쇠하여 죽음을 맞이하는 것인가요?

그보다 더 편안한 죽음을 맞이하고 싶나요?

일본인의 평균 수명은 남성이 81.05세, 여성이 87.09세입니다(2022년 후생노동성 조사). 그런데 일본인의 건강수명은 이보다 훨씬 낮아 남성은 72.68세, 여성은 75.38세입니다. 즉 남성은 약 9년 동안, 여성은 12년 동안을 건강하지 못한 상태로 산다는 말입니다. 많은 사람이 편안한 죽음을 바라는 이유가 건강하지 못한 수명을 의식하기 때문일지도 모릅니다.

그렇다면 어떻게 해야 편안하게 마지막을 맞이할 수 있을까요. 편안한 죽음을 위한 약 같은 것이 있다면 좋겠지만 아쉽게도 없습니다.

하지만 편안한 죽음을 위한 비결은 있습니다. 바로 세월을 그대로 받아들이는 것입니다. 나이가 들었음을 인지하고, 그래서 더욱 도전하겠다는 적극적인 마음으로 살아갑니다. 이렇게 하루하루를 쌓아간 끝에, 편안하게 마지막을 맞이합니다.

행복과 불행, 판가름하기 위한 나만의 기준

　편안한 죽음을 맞고 싶지만 그러지 못하는 경우, 그 원인은 대부분 '마음'에 있습니다.
　예를 들어 매사에 의심부터 하는 사람은 마음에 드는 사람이 생겨도 나처럼 나이 든 사람을 좋아할 리가 없다며, 돈이 목적이라고 생각하고 맙니다.
　질투심이 강한 사람도 마찬가지입니다. 친구 집에 자주 놀러 오는 손주가 부러운 나머지 자주 찾아오지 않는 손주는 자신을 싫어한다고 생각하기 쉽습니다. 자신의 인생을 스스로 쓸쓸함 속에 가두어 버리는 것입니다.
　노벨 경제학상을 수상한 행동경제학자 대니얼 카너먼은

이렇게 말했습니다.

"인간의 행복은 참조점으로 결정된다."

'참조점'이란 행복과 불행을 판단할 때의 기준점을 말합니다. 예를 들어 1,000억 원을 가진 사람은 '1,000억 원'이 참조점이 되므로 단돈 만 원이라도 손해를 보면 불행하다고 느낍니다. 그런데 만 원밖에 없는 사람은 길거리에서 어쩌다 1,000원을 줍기만 해도 기분이 한껏 좋아집니다. 즉 참조점을 넘느냐 마느냐에 따라 행복이 정해진다는 것입니다.

행복한 노년을 보내는 사람에게 이 이론을 대입해 보면 바로 수긍이 갑니다. 예를 들어 대기업 사장을 지낸 사람이 입주금 30억 원, 월 500만 원의 호화로운 양로원에 들어갔습니다. 하지만 늘 이렇게 불평만 합니다.

"방이 왜 이렇게 좁아. 내가 사장실로 쓰던 방에 비하면 보잘것없구먼. 식사도 형편없는데다 직원들도 나를 노인 취급이나 하고 말이야."

사장일 때의 생활을 참조점으로 삼고 있어서 불행하기만 합니다.

그런데 돈에 쪼들려 만족한 생활을 할 수 없던 사람은 저렴한 양로원에서 생활해도 행복을 느낍니다.

"반찬이 세 가지나 나와. 따뜻한 침대에서 잠을 잘 수 있고 직원도 이야기를 잘 들어주네. 이렇게 행복해도 되는 걸까." 하고요.

행복과 불행은 생각하기 나름입니다. 참조점이 높으면 어떤 행복한 상황에서라도 불행하다고 느낍니다. 반대로 참조점이 낮으면 주변에서 불행하다고 여기는 상황이더라도 자신은 행복하다고 느낍니다.

아무렴 어때, 인정하고 나면 편안해진다

있는 그대로를 받아들이는 마음가짐이 필요합니다.

나이가 든다는 것은 곧 몸의 기능이 서서히 떨어진다는 뜻입니다.

아직 할 수 있다는 의지로 세월에 맞서 싸우는 것도 중요하지만, 지나치게 고집을 부리면 오히려 자신을 더 힘들게 할 수 있습니다. 그럴 때는 '아무렴 어때'라는 마음으로, 있는 그대로를 인정하고 받아들이는 태도가 필요합니다.

실제로 다리가 불편하면 지팡이를 짚고, 귀가 잘 들리지 않으면 보청기를 착용하는 식의 유연한 태도로 살아가는 사람이 오히려 더 활동적이고 행동력이 높을 때가 있습니다.

예를 들어 휠체어에 타면 매우 편하다는 사실을 알게 됩니다. 기저귀를 차면 외출 시 화장실 갈 걱정을 덜 수 있습니다. 그러면 자유롭게 집 밖으로 나갈 수 있겠지요. 삶의 폭이 넓어지는 것입니다.

어렵지 않습니다. 있는 그대로를 받아들이면 됩니다.

만약 실패하더라도 그저 실패일 뿐이라며 대수롭지 않게 넘깁니다.

중요한 것은 마음의 여유입니다. 다양한 인생 경험을 가진 행복한 고령자만이 '아무래도 좋아'라는 여유를 가질 수 있습니다.

살아갈 날 중
가장 젊은 날은 바로 이 순간

아무리 건강하고 오래 사는 사람이든 두뇌가 명석한 사람이든 나이를 먹으면 몸의 기능은 떨어지고 일부 지적 기능도 저하됩니다. 이는 자연스러운 일입니다. 슬픈 일도 나쁜 일도 아닙니다.

지금이 가장 젊은 날입니다. 당장 내일 어떻게 될지 모른다는 가능성이 매년 늘어나는 것. 자세히 말하면 내일 죽을 확률이 하루가 지날 때마다 높아지는 것. 이것이 노화의 현실입니다.

세월이 갈수록 70대보다 80대가, 80대보다 90대가, 91세보다 92세가 더 건강하지 못할 가능성이 높아집니다.

이렇게 생각하면 역시 지금 내가 원하는 대로 살고자 하는 마음이 가장 필요합니다. **바로 지금이 가장 젊은 날이라고 생각하면** 하고 싶은 일을 당장 시작하고 싶어집니다. 가만있을 수 없다는 마음이 자연스레 듭니다.

다른 사람을 신경 쓸 필요도 없습니다. 누군가 나잇값을 못 한다는 말을 한다면 내 인생이니 내 멋대로 하겠다고 맞받아치면 됩니다. 진정한 의미로 자유롭게 살 수 있는 날은 지금 이때뿐입니다.

타인과 나는
엄연히 따지면 다른 존재

저명한 평론가이자 여성 운동가, 저널리스트, 작가로 유명한 히구치 게이코[•] 씨와 대담을 나누면서 근사한 이야기를 많이 들었습니다. 히구치 평론가는 92세의 나이가 무색할 정도로 밝고 활발합니다.

노년을 맞이하는 마음가짐에 대해 이런 말을 하기도 했습니다.

• 일본 사회에서 여성과 고령자의 삶을 적극적으로 조명하고 제도적으로 개선하려 노력해온 1세대 여성 지식인. 지금도 일본 사회에서 큰 영향력을 지니고 있으며 노년을 살아가는 이들에게 희망과 위로, 실천의 용기를 전하고 있다_옮긴이

"노년의 삶을 생각할 때, 남과 비교해도 어쩔 수 없다는 걸 말하고 싶어요. 일본인은 대체로 어우러지기를 원해서 두드러지지 않으려는 경향이 강하다는 말이 있는데, 나이가 들고 나면 조금 더 개개인을 소중하게 여기면 좋겠어요.

85세가 되면 남들처럼 둔하게 살겠다거나 90세가 되면 세월의 파도에 휩쓸려 비틀대겠다는 사람은 없잖아요? 노년을 맞이하는 방식은 사람마다 다른 법입니다. 그러니 세월이 흐르고 있음을 받아들이고, 그 안에서 어떻게 하면 나답게 삶을 완성할 수 있을지가 중요해지는 것이죠."
(《제대로 나이 든다는 것》, 히구치 게이코·와다 히데키, 고단샤)

역시 히구치 평론가입니다. 간결한 말 속에 매우 중요한 철학을 유머러스하게 전하고 있습니다.

개인차가 크다는 것은 분명 행복한 노년의 가장 큰 특징이라고 할 수 있습니다.

예를 들어 10대가 100미터를 달릴 경우 빠르거나 느리다는 시간의 차이는 있겠지만 대부분 끝까지 완주할 수 있습니다.

반면 행복한 고령자 중에는 시즌마다 마라톤을 뛰는 사

람이 있는가 하면 신호등의 초록 신호가 바뀌기 전에 건널목을 다 건너지 못하는 사람도 있습니다. 건널목은커녕 누워서만 지내는 사람도 있습니다. 노년부터 인생의 개인차가 가장 커지는 것입니다.

또 해냈구나!
나의 기록 경신은 오늘도 진행 중

 젊은 세대가 노년이 행복하다고 생각하는 이유는 이런저런 얽매임이나 세상의 상식 같은 것으로부터 해방되어 자유롭게 살 수 있는 시기이기 때문입니다. 그런데도 일본의 고령자들은 스스로 자신을 얽매는 듯합니다.

 젊은 사람들에게 방해가 되지 않으려 하거나, 사랑스럽고 멋진 할머니로 보이고 싶어 하는 등 타인의 시선을 지나치게 의식합니다. 실제로는 인생을 여유롭게 누릴 수 있는 시기인데도, 마치 삶에서 은퇴한 듯한 느낌이 들기도 합니다.

 나잇값을 못한다는 생각은 던져버리고 다양한 일에 도

전하는 것은 어떨까요.

노년의 도전이 즐거운 이유는 그 상대가 바로 '나 자신'이기 때문입니다. 매일매일 최고 기록을 스스로 경신할 수 있다는 것. 생각만 해도 가슴 뛰는 일입니다.

노년의 도전에 대해 히구치 게이코 씨는 아주 근사하게 답했습니다.

"저의 90대는 이제 막 시작되었어요. 성장 가능성은 없지만 노년의 가능성은 넘쳐나지요. 앞으로도 미끄러지고 넘어졌다가 다시 일어나 결국 해내는 과정을 하나하나 실시간으로 전해드리고 싶어요."

'결국 해냈다'라는 마음이 중요합니다. 할 수 없는 것만 일일이 새면서 풀이 죽는 게 아니라 할 수 있는 일을 조금씩 늘려나가는 것이지요.

나이를 먹으면 **당연히 할 수 없는 일이 많아집니다**. 그러니 풀이 죽을 필요는 없습니다. 나이가 있으니 실패하는 게 당연하다는 마음으로 지금 할 수 있는 것, 지금 하고 싶은 것에 당당하게 도전합니다.

이렇게 긍정적으로 도전하다 보면 몸도 머리도 활기를

찾게 되어 '오늘의 젊음'을 유지할 수 있습니다. 하루하루가 조금씩 즐거워집니다.

경험의 가치,
한껏 끌어올리는 나의 매력

  60대가 되면 많은 사람이 자녀의 교육비나 주택담보대출에서 서서히 해방되기 시작합니다. 드디어 자유롭게 사용할 수 있는 돈이 생기는 것입니다.

  그런데도 오래된 습관 때문에 돈을 쓰는 행동에 죄책감을 느끼는 사람이 있습니다. 일본인 중에 이렇게 생각하는 사람이 특히 많습니다.

  유럽과 미국에서는 백발의 노인이 포르쉐에서 당당하고 멋있게 내리는 모습을 볼 수 있습니다. 지팡이를 짚은 나이 든 여성이 새빨간 샤넬 수트를 입고 다닙니다.

멋있다는 인사를 건네면 더욱 근사한 말이 돌아옵니다.

"샤넬은 나처럼 나이가 들어서 입는 옷이에요. 젊은 사람들은 샤넬의 진가를 알지 못하니까요."

"포르쉐와 페라리는 젊은이가 타는 차가 아니에요. 우리는 시간에 얽매이지 않으니까 여유롭게 탈 수 있지요."

정말 근사합니다. 미학이 느껴집니다.

어떤 잡지에서 '나이를 먹으면 값싼 옷은 입지 마라'라는 기사를 보고 크게 고개를 끄덕였습니다.

기능적이고 가격도 저렴한 옷은 가성비 면에서 훌륭합니다. 하지만 노년을 맞이하는 사람에게는 다른 선택이 필요할 때가 있습니다.

가성비만 따지지 말고 가끔은 개성적이고 고급스러운 옷을 사는 건 어떨까요. 흔히 볼 수 있는 가성비 있는 점포와 마찬가지로 특색 있는 가게도 주변에 많기 때문입니다.

윈도쇼핑은 젊어지는 효과가 있다고 합니다. 다른 옷과 맞춰 보기도 하고 어떤 장소에 어울릴지 고민하면 두뇌는 더욱 활발하게 회전합니다.

이런 생각이 뇌를 자극합니다. 게다가 또 하나의 흥미로운 효과가 있습니다.

바로 '뇌가 몸에 속는다'는 것입니다. 뇌는 매우 단순해서, 활기찬 자신의 모습을 상상하면 몸은 실제로 그런 상태를 만들기 위해 반응합니다.

어린 사람이
무얼 알겠느냐며 기세 올리기

고령자의 가장 큰 강점은 무엇일까요?

바로 경험입니다.

많은 분이 자신의 경험을 무시하는 경향이 있습니다. 또 '텔레비전에서 나온 말이니까', '그 사람이 그렇게 말하니까'처럼 다른 사람의 말에 별다른 생각 없이 순순히 따르는 모습도 보입니다.

매우 안타깝습니다. 노년에 접어든 사람들의 살아있는 경험이 훨씬 큰 도움이 되는데 말입니다. 일례로 저는 맛있는 라멘 가게 찾는 것을 좋아하는데 인터넷을 검색하면 아주 많은 가게가 나옵니다. 하지만 무엇보다 중요한 것은 경험입니다. 일 년 동안 200점포 정도를 돌아다니니까요. 입맛도 향상되었고 미각도 단련되었습니다.

물론 다시는 오지 않겠다고 할 정도로 실패한 적도 여러 번 있었습니다. 하지만 직접 몸을 움직여 얻은 경험이야말로 가장 신뢰할 수 있는 법입니다.

이것이 경험의 강점입니다.

강점은 사람마다 다릅니다. 꽃, 차, 팬클럽 활동, 가극, 마작과 같은 취미도 경험입니다.

오랜 기간 해온 일이라면 더욱 강력한 체험이라고 할 수 있습니다. 자신이 쌓아온 경험에 더 자신감을 가지세요. 그 경험은 세상 만물의 옳고 그름을 판가름하는 '잣대'이기도 합니다.

경험을 별거 아닌 것으로 치부하지 말고 자신만의 경험으로 만든 잣대를 통해 목소리를 내야 합니다.

병원 환자들과 이야기를 나누다 보면 재밌는 일이 많습니다. 전혀 다른 시각의 답을 얻을 수 있어서 공부도 됩니다.

텔레비전에 나오는 전문가보다 사회의 온갖 풍파를 겪어온 사람이 훨씬 지혜롭고 명확한 조언자입니다.

노년의 실패,
나이 탓으로 돌려 웃어넘기기

　노신사. 신사라고 쓰기는 하지만 성숙한 고령자를 뜻하는 의미로 여성도 여기에 포함된다고 할 수 있습니다.

　인자하고 호의적인 노인이라는 의미입니다. 그래서인지 나이를 먹으면 친절해야 한다거나 무슨 일이든 괜찮다며 용서해주어야 한다고 생각할지도 모릅니다. 하지만 그렇게 언제나 신사여야 한다면 점점 위축되고 말 것입니다.

　이제부터는 신사가 아니라 '호방한 노인'으로 좀 더 적극적으로 살아보는 건 어떨까요.

　저도 이제 65세가 지났기 때문에 '호방한 노인' 대열에 합류합니다. 그렇기에 더욱 세상을 향해 목소리를 높이려고 합니다. 점점 더 나쁜 방향으로 나아가는 일본에 대해 거침없이 쓴소리를 내려고 합니다. 그중 하나가 '상속세 100%'라는 정책입니다.

이는 일본의 경기 둔화를 해소하는 열쇠가 될 것입니다. 상속세 100%(단 부모와 자식의 상속이 100%이고, 배우자는 현행대로)가 실현되면 장롱 예금은 급속도로 해결됩니다. 1,200조 원 이상으로 예상되는 장롱 예금이 움직이면 경제의 기폭제가 될 것입니다.

그렇게 되면 다들 해외로 떠날 것이라는 반대의견도 있지만, 노년을 보내는 데 익숙해진 자국을 떠나 외국으로 이주하는 사람은 적겠지요.

어떤 일이든 해보지 않으면 모르는 일입니다. 지레 겁먹지 말고 일단 해보는 것입니다. 실패하면 다음 단계를 생각합니다. 그렇게 해야 비로소 전진할 수 있습니다.

과거 30년 동안 금융 완화와 재정 투입 등 정부의 경제 정책은 하나도 성공하지 못했으므로 시험 삼아 해볼 가치는 있습니다.

이야기가 주제에서 조금 벗어났는데, 노년에 접어든 지

금이야말로 '호방한 노인'으로 살 때입니다.

만약 실패하더라도 "나이는 못 속이네" 하고 머리를 긁적이며 웃어넘기면 그뿐입니다.

누군가 불평을 이야기하면 나이 탓으로 돌릴 줄도 알아야 합니다. 그렇게 대담한 행동도 거침없는 기세를 지닌 '호방한 노인'이기 때문에 가능합니다.

마음의 그릇,
큰 사람일수록 적당한 삶을

　노년에 접어든 분들께 적당히 사는 건 어떠냐는 말을 곧잘 합니다. 인생 경험이 풍부한 시기라서 제멋대로 살기에 가장 좋은 타이밍이기 때문입니다.

　'제멋대로'라고 하면 조금 이상하게 들리기도 합니다. 하지만 칭찬의 말이기도 합니다.

　제멋대로는 곧 '제, 멋대로'를 뜻하기 때문입니다.

　이것은 한쪽으로 치우치지 않는 균형적인 삶이나 넘치지도 모자라지도 않는 적당함을 의미합니다.

　인생의 쓴맛, 매운맛, 단맛을 모두 경험했기 때문에 비로소 훌륭한 '제멋대로'의 삶을 살 수 있는 법이라고, 오히려 당당해지기를 바랍니다.

일본은 지금 무기력함이 만연합니다. 조금이라도 나쁜 부분이 보이면 한꺼번에 달려들어 뭇매질합니다. 그리고는 인격의 모든 것을 부정합니다.

건전한 사회라고 할 수 없습니다. 왜냐하면 결점이 하나도 없는, 어두운 구석이 하나도 없는 사람은 이 세상에 없기 때문입니다.

영향력 있는 전문가나 인플루언서의 말에 동조해 누군가를 모욕하는 방향으로 사회 전체가 쏠리는 현재의 풍조를 보고 있으면 간담이 서늘해집니다. 이럴 때일수록 인간의 어리석음을 인정하고 당당하게 의견을 제시할 수 있다는 것이 노년의 강점입니다.

다양한 경험을 쌓아왔기에 타인의 고통과 괴로움을 이해할 수 있습니다. 약점을 어루만질 수도 있습니다. 이것이 노년의 인간적인 깊이, 그릇의 크기입니다.

사람들에게 호감을 얻으려고 세상에 영합하기보다 인생의 경험을 살려 '제멋대로(제, 멋대로)'로 사는 것이 중요합니다.

이것이 즐거운 노후로 이어지고 결국엔 많은 사람들에게 사랑받는 결과로 이어집니다.

허울 좋은 말,
이해가 안 되는 척 흘려듣는다

 적당한 삶이란 **타인에게 휘둘려 갈팡질팡 사는 것**이 아닙니다. 자신의 중심축을 제대로 세워야 제멋대로의 삶이 완성됩니다.

 그렇다면 나만의 중심축은 어떻게 만들어야 할까요? 바로 세상만사를 똑바로 보는 눈을 갖는 것입니다.

 예를 들어 러시아와 우크라이나 전쟁을 보고 '어느 쪽이 옳은가'보다는 '왜 전쟁이 일어났는가'를 고민합니다. 겉으로 드러난 선악 구도보다 그 이면에 어떤 이해관계가 있는지, 전쟁으로 인해 누가 가장 큰 이득을 보는지를 생각해 보려 노력합니다.

이렇게 생각하는 습관이 몸에 배면 내 안에 올바른 가늠자가 생깁니다. 그러면 타인에 휘둘리지 않고 나만의 확고한 의견을 가질 수 있게 됩니다.

　일본에는 '나이를 먹으면 자식을 따르라'라는 속담이 있습니다. 나이가 들면 주제넘게 나서지 말고 자식의 의견과 방침에 따라야 한다는 가르침입니다. 하지만 잘 생각해 보면 이 속담은 권력자가 사회를 자신의 입맛대로 이끌기 위해 만들어낸 논리임을 알 수 있습니다.

　세상만사를 잘 알고 있는 고령자가 혹시라도 사회에 반기를 들지 못하게 하려고 나이가 들면 자식을 따르라는 허울 좋은 말로 입을 다물게 만든 것에 지나지 않습니다.

　늙었다기보다 인생 경험을 쌓았기 때문에 권력자의 교활함도 간파할 수 있습니다. 젊은이의 미숙함도, 얕은 생각도 알아챕니다. 능력 있는 정치인으로 대중의 지지를 받는 정치인이나 단단한 팬덤을 거느린 유명한 인플루언서도 알고 보니 별거 아니라는 사실도 꿰뚫어 볼 수 있습니다.

　그러니 나이가 들었다고 입을 다물어서는 안 됩니다. 나이 먹은 만큼 당당하게 자신의 생각을 말하면 됩니다. 오랫동안 침체기를 겪고 있는 사회와 국가가 활력을 되찾으려면 고령자의 경험과 깊은 지혜가 필요합니다.

순수 그 자체, 좋아하는 것을 좇아가는 삶

〈GOETHE〉라는 잡지에 대담을 연재하고 있습니다. '장수의 진정한 의미는 의사가 아니라 대선배에게 물어야 한다'라는 취지의 기획으로, 최전선에서 활약 중인 80세 이상의 분들이 저의 대담 상대입니다.

유명한 요로 다케시 선생님(87세)을 비롯해 백 세 장수인 연구로 잘 알려진 의사 시바타 히로시(87세), 매일 수억 원의 주식을 거래하는 현역 데이트레이더 후지모토 시게루(88세), 애플리케이션을 개발하는 세계 최고령 프로그래머 와카미야 마사코(89세) 등 특별한 삶을 사는 사람들입니다.

대담을 통해 새삼 모두 좋아하는 일을 한다는 사실을 알게 되었습니다.

예를 들어 요로 선생님은 곤충 채집과 담배를 즐깁니다. 일본의 비경뿐만 아니라 해외에 서식하는 곤충을 찾아갑니다. 무거운 도구를 들고 숲속으로 들어갑니다. 의사가 금연하라고 말려도 한쪽 귀로 흘려듣고는 아랑곳하지 않고 담배를 뻑뻑 피웁니다.

시바타 의사는 장수하는 사람의 실태 조사를 통해 콜레스테롤 수치가 낮은 사람은 빨리 죽는다는 사실을 규명했습니다. 현대의학의 상식을 뿌리부터 흔드는 설이라서 음해와 방해 공작을 겪기도 합니다. 하지만 오히려 역경을 즐기듯 실증연구를 이어가고 있습니다.

후지모토 씨는 새벽 4시부터 주식 종목을 연구하고 주식시장이 열리는 9시에서 15시까지 컴퓨터 앞에서 주식 거래를 합니다. 그 후에는 오늘의 거래를 복습하는 등 온통 주식으로 둘러싸인 생활을 보냅니다. 뇌는 온종일 회전합니다. 혈압은 220mmHg나 되지만 의사가 주의를 주어도 혈압이 내려가면 오히려 머리가 안 돌아간다며 웃어넘기고는 개의치 않습니다.

와카미야 씨는 대형 재벌계 은행을 정년 퇴임한 후에 컴퓨터를 시작해 81세 때 아이폰(iPhone)의 애플리케이션 'hinadan'을 개발했습니다. 스프레드시트(표 계산) 소프트웨어 '엑셀(Excel)'을 사용해 도안을 디자인하는 아티스트이기도 합니다. 애플의 CEO 팀 쿡과 대만의 전 디지털 총무 정무위원(장관) 오드리 탕 등 IT 세계의 리더들이 경의를 표하는 존재인데, 본인은 좋아하는 일을 할 뿐이라며 태연하게 말합니다.

이런 선배들에 대해 젊은 후배인 제가 감히 한말씀을 드리자면 그분들의 공통점은 소년 혹은 소녀처럼 산다는 것입니다. 좋아하는 일, 하고 싶은 일에 열중합니다. '순수하다'라는 말이나 '생명력이 왕성하다'라는 표현이 딱 걸맞습니다. 노화와 싸우지 않을뿐더러 애초에 노화가 오지 못하게 막고 있습니다.

실제로 와카미야 씨는 "나이는 생각해 본 적이 없어요. 매일 재미있게 살 뿐이에요. 그런데 왠지 다들 상냥하게 대해 주세요. 그분들 보기에 제가 아슬아슬하고 불안해

보이니 그냥 내버려 둘 수 없어서 그런 거 아닐까요"라고 말하며 웃습니다.

바로 이러한 삶의 방식이야말로 그들이 대중에게 사랑받는 이유입니다.

어머니의 삶,
자유롭고 멋대로인 사랑스러움

　가족 이야기는 꺼리는 편이지만 제 어머니 이야기를 해 보겠습니다.

　어머니는 현재 94세입니다. 그리고 한마디로 말하면 '제멋대로 사는 분'입니다.

　그렇지만 어머니가 저를 제멋대로 키우신 건 아닙니다. 저와 남동생을 키우기 위해 어머니는 나름대로 자신을 통제했습니다.

　어머니는 고기를 싫어해서 삐쩍 말랐습니다. 운동도 하지 않습니다. 오래 사는 것이 신기할 정도입니다. 고기를 먹어야 한다거나 조금이라도 운동하시라 말씀드려도 제

말은 들은 척조차 하지 않습니다.

본인이 좋아하는 음식을 먹고 좋아하는 말을 하며 자기 좋을 대로 삽니다.

그런 의미에서는 이 책에서 전하고자 하는 '제멋대로 삽시다'라는 주제를 몸소 실천하고 있는 것이겠지요.

노년이 된 후에는 더욱 자유롭게 사시는 듯합니다.

70세가 되던 해에는 남편과 같은 무덤에 들어가기 싫다는 이유로 단호하게 이혼을 결심하고 이를 실행에 옮겼습니다. 당시 저는 40세였고 제 딸들은 초등학생이었는데 놀라지 않았습니다. 딸들은 할머니답다며 웃을 정도였습니다.

약 30년 전에 오사카에 살던 어머니를 도쿄로 모시고 왔습니다. 당시 의사와 통신교육 사업을 병행하고 있어서 어머니에게 사장 자리를 맡아달라 부탁했습니다.

그때도 어머니는 제멋대로였습니다. 하고 싶은 말은 꼭 해야 직성이 풀리는 성격이라 직원들도 자주 바뀌곤 했습니다. 월급은 받는 족족 써버렸고요. 외향적인 성격이 아니라 외출하는 일은 드물었지만 옷은 늘 백화점에서 사곤

했습니다. 백화점 직원의 알랑방귀를 듣고 싶었나 봅니다.

어머니의 장수 비결이 만약 있다면 '자유롭게 사는 것' 외에는 떠오르지 않습니다.

다른 사람들과 굳이 잘 지내려고도 하지 않고, 그래서 친구도 적습니다. 그런데도 외로운 기색은 전혀 느낄 수 없습니다.

친구가 적은 만큼 **고독하고 괴로운 일도 적습니다**. 애초에 많은 친구를 사귀지 않았기 때문에 좀처럼 외로움을 느끼지 않습니다. 친구가 없으면 외롭다는 생각은 세상이 멋대로 만든 착각이고 어머니는 다른 가치관을 중심으로 살기 때문입니다.

그런 모습을 보며 어머니의 삶을 인정합니다. 어머니의 인생이니까요. 이러쿵저러쿵 말할 수는 없습니다. 그걸로 충분합니다.

똑같은 인생, 남들 기준에 맞춘 따분한 인생

정신의학적으로 볼 때, 어머니의 삶의 방식은 스트레스가 적은 편입니다.

스트레스를 줄이는 것이 건강한 장수로 이어지는 중요한 방법입니다.

무조건 참기만 하면 면역력은 떨어지고 의욕도 저하됩니다. 활동성이 줄어들면 체력도 약해지고 노화가 빨리 진행되기 쉽습니다.

이런 점에서 어머니는 활동적입니다. 활발한 편은 아니나 마음만은 활동적입니다. 한창 코로나가 퍼졌을 때 두 차례나 골절되는 일이 있었지만 다시 일어섰습니다.

80대에 골절되면 그대로 누워 지내는 경우가 많은데 어머니는 90대에 걸을 수 있게 되었습니다. 요양원에 가지 않으려고 열심히 재활 치료를 받았습니다. 자신의 속도로 살고 싶은 분이니까요.

 어머니는 제멋대로 사시는 분이라고 말했는데, 이 말은 자신의 속도로 산다는 의미입니다. 그리고 이 방식은 저에게도 이어졌습니다.

 저는 어릴 적 흔히 말하는 발달장애 경향이 있었습니다. 부적응 아동이었고, 항상 친구들과 제대로 어울리지 못했습니다. 이럴 때 보통의 부모라면 아이가 친구들과 어울리지 못하는 모습을 보고 걱정하며 친구들과 사이좋게 지내라고 말하겠지요. 하지만 어머니는 아무런 신경도 쓰지 않았습니다. 오히려 이렇게 말했습니다.

 "너는 보통 사람들과 다르니까 자격증 같은 거라도 따야 살아갈 수 있어."

 굳이 다른 사람에게 맞춰가면서 살 필요가 없다는 메시지를 전해준 것입니다.

 아버지는 회사원이었는데 출세와는 거리가 먼 사람이었

습니다. 출신 대학이 관련 있을지도 모릅니다. 어머니는 아버지처럼 살지 않으려면 공부해야 한다고 했습니다. 제가 도쿄대학에 들어간 것도 어머니의 영향이 컸습니다.

농담입니다만, 세속적으로만 보면 나쁜 부모겠지요. 하지만 결과적으로 덕분에 지금의 제가 있습니다. 대학병원에서의 출세는 제 관심사가 아닙니다. **정신의학을 전공하여 어떻게 하면 고령자들이 행복한 노후를 보낼 수 있는지**에만 주력하고 있습니다. 안 되는 건 안 된다고 현대의학에 대한 비판도 불사합니다.

저로서는 **어머니에게 물려받은 나만의 속도로 사는 삶이 싫지 않습니다. 오히려 그것이 나답다고 생각하며** 그렇게 사는 것이 즐겁습니다.

지금까지 수많은 책을 펴냈지만 어머니는 아마 한 권도 읽지 않으셨을 겁니다. 어머니의 뜻대로 사는 분이시니까요. 다른 사람에게 아들 자랑을 하지도 않습니다. 모르긴 몰라도 자식은 자식이 알아서 살면 된다고 생각하고 계실 겁니다.

나다운 삶을 영위하는 어머니여서 다행입니다. 그리고

다른 사람에게 맞출 필요가 없다고 말해준 어머니라서 다행입니다. 아마 이 책도 읽지 않으시겠지만 이 자리를 빌려 말하고 싶습니다. 감사합니다. 어머니.

타버리기 전에
나를 위해 준비하는 반짝이는 삶

앞에서도 말했지만 일본인의 평균 수명은 남성이 81.05세, 여성이 87.09세입니다(2022년 후생노동성 조사). 남녀 차는 약 6세입니다. 지금의 80대는 남성 중심 사회에서 살았고 결혼 가능 나이는 남성이 18세, 여성이 16세(현재는 18세 이상)이므로 남편 쪽이 나이가 많은 부부가 일반적입니다.

이렇게 생각하면 그 나이 즈음해서 이별했다고 쳐도 남편이 세상을 떠나고 8~10년 정도는 아내가 혼자 살게 됩니다.

아무리 열심히 남편을 뒷바라지해도 마지막 8~10년은 혼자 여생을 보내게 되는 것입니다. 그때 모든 걸 다 불태운 '재'가 될 것인지, 아니면 여전히 빛나는 여성으로 남을 것인지 선택해야 합니다.

현실적으로 이것은 누구에게나 일어날 수 있는 선택지입니다. 그런데 여기에는 큰 장애물이 있습니다. 바로 시간입니다.

여전히 빛나는 사람으로 남고 싶어도 이미 빛을 잃어버린 후일지 모릅니다. 그렇기 때문에 반짝반짝 빛을 내려면 70대 혹은 60대부터 준비해야 합니다.

다 타버린 재가 싫다면 60대나 70대부터 그렇게 되지 않으려고 고민하고 노력해야 합니다.

2장

훌륭하게
이뤄낸 여성의
편안한 죽음

The Wall at Age 80 for Women

인간이라면
누구나 언제든지 세상을 떠난다

후회 없이 살기 위해 머릿속에 담아두는 말이 있습니다. 바로 '어차피 언젠가는 죽음이 찾아온다'라는 말입니다.

어디선가 무슨 불길한 소리냐며 나무라는 소리가 들리는 것만 같네요.

하지만 안타깝게도 영원히 사는 사람은 없습니다. 누구나 100%의 확률로 죽음을 맞이합니다. 그런데도 사람들은 죽지 않을 것처럼 삽니다. 다시 말하면 머리로는 알고 있지만 의식하지 않으려고 합니다.

그렇기 때문에 죽음을 두려워하고, 해서는 안 되는 일을 생각하며 자신만의 올가미 안에서 살아갑니다.

코로나가 한창일 때 이러한 모습이 뚜렷하게 나타났습니다. 많은 전문가가 방송에 나와 코로나의 위험성을 필요 이상으로 과장해 설파하고 특히 고령자가 위험하다고 이야기하는 바람에 건강하게 노후를 보내는 여성들까지 완전히 겁을 집어먹었습니다.

여행이나 외식, 친구들과 모임도 피하고 이웃과 대화도 나누지 않았으며 자녀와 손주들의 방문도 눈물을 머금고 거절하기에 이르렀습니다. 비극이 아닐 수 없습니다.

그 결과 어떻게 되었나요? 돌봄이 필요한 고령자가 늘어났습니다. **다리와 허리의 힘이 약해지는 바람에 걷다가 넘어져 입원하는 사람이 증가했습니다.**

집에 틀어박힌 채 **대화도 없이 불안만 커지는 상태라면 당연히 누군가의 도움이 필요**하게 됩니다. 근육과 뇌는 사용하지 않을수록 그 기능이 떨어지기 때문입니다. 특히 나이가 들면서 근력, 체중, 인지 기능 등이 저하되어 전반적으로 신체적·정신적 취약성이 증가하는 이른바 '프레일 증후군(Frailty Syndrome)'에 빠질 수도 있습니다.

허약한 상태에서는 몸과 마음의 활력이 떨어지고 질병

에 걸리기 쉬워집니다. 스트레스에도 취약합니다. 심신이 위축되고 걱정만 늘어갑니다.

너무나 애석한 일입니다. 그러므로 언젠가는 찾아올 죽음을 인정하는 자세가 더욱 중요해집니다.

의사의 말대로 하고 싶은 것을 참으면서 약해질 수도 있고, 누구나 세상을 떠난다고 의식하며 사는 동안 좋아하는 것을 충분히 누릴 수도 있습니다.

어느 쪽을 선택할지는 순전히 나 자신에게 달려있습니다.

뛰어난 명의도
사람의 수명은 어찌할 수 없는 법

 본론으로 들어가기 전에 짧지만 재미있는 에피소드를 소개하겠습니다. 독일에서 일하던 지인의 이야기입니다.

 어느 날, 아이가 고열이 나서 병원으로 달려갔더니 의사가 이런 말을 했다고 합니다.

 "단순한 감기네요. 그냥 두면 나을 거예요."

 하지만 열은 내리지 않았습니다. 내릴 기미도 보이지 않았습니다. 다시 병원으로 갔습니다.

 "열이 내리지 않아요. 잘 좀 봐 주세요. 이러다가 큰일이라도 나면 어떡해요!"

 의사를 다그쳤습니다. 그러자 의사는 아무렇지 않게 말

했습니다.

"아, 그건 신의 뜻입니다."

재치가 좀 부족했나요. 사람의 생명을 가지고 농담하냐는 꾸지람을 들을지도 모르겠습니다. 하지만 이 이야기를 한 이유가 있습니다.

이른바 생사관(生死觀)을 이야기하고 싶었습니다.

독일인은 우리가 쉽게 가늠하기 어려운, 독특한 생사관을 가지고 있습니다. 하지만 이런 태도는 유럽이나 미국에서는 그리 낯선 일이 아닙니다. 그들의 생사관에는 종교적 신앙심이 깊게 영향을 미칩니다. '감기 같은 병으로 죽는다면, 어떤 수를 써도 살 수 없었을 것이다'라는 생각이 마음 한편에 자리하고 있는 듯합니다.

요즘이라면 무슨 일이 있더라도 사람은 일단 살려야 한다고 생각합니다. 하지만 이는 1970년대 이후의 일입니다. 지금은 감기에 걸리면 당연히 병원에 가야 한다고 생각하지만, 그전에는 감기 정도로는 병원에 가지 않았습니다. 즉 생사관이 바뀐 것입니다.

어느 나라의 어떤 생사관이 옳다는 논의는 중요하지 않

습니다. 생사관은 저마다 다르기 때문입니다. 논쟁을 벌일수록 힘만 빠집니다.

하지만 딱 하나, 일본인에게는 없는 중요한 관점이 있습니다. 어차피 누구나 언젠가 죽는다는 시각입니다.

바로 여기에 큰 차이가 있는 셈입니다.

죽음의 문턱, 두려워하지 말고 받아들이기

"어차피 사람은 언젠가 죽는다."

의사로서 이런 말을 하면 비난의 화살이 날아듭니다.

환자를 보고도 손 놓고만 있을 거냐고요.

하지만 그런 생각은 추호도 없습니다. 오히려 그 반대입니다.

사람은 누구나 언젠가 죽습니다. 그러므로 살아있는 동안 반짝이며 살아야 합니다. 그리고 마지막까지 건강을 유지하며 완주합니다. 생명을 양껏 다 쓰길 바랍니다.

스웨덴을 예로 들겠습니다. 오늘날 스웨덴에는 와상 상태의 고령자가 없다고 알려져 있습니다. 노년에 조금이라도 걸을 수 있도록, 즉 누워서 지내지 않도록 국가 차원에서 나서고 있기 때문입니다.

역시 복지국가는 다릅니다. 하지만 반대로 이런 측면도 있습니다.

예를 들어 숟가락으로 음식을 떠서 입으로 가져갈 때 먹으려고 하지 않으면 이는 '신의 뜻'이라고 여기고 수액도 맞지 않습니다. 즉 살 의지가 없다고 생각하는 것입니다. 그 후에는 기본적으로 연명 치료를 하지 않습니다. 이렇게 사회적 합의가 이루어져 있는 것입니다. 이것도 와상 상태의 고령자가 없는 이유 중 하나입니다.

일본과는 크게 다르다는 사실을 알 수 있습니다. 어떤 차이점이 있을까요?

사람은 언젠가 세상을 떠난다는 당연한 섭리를 제대로 받아들이고 있느냐 아니면 외면하느냐입니다.

일본은 죽음을 언급하는 일을 금기처럼 여기며 '삶'에만 초점을 맞춰왔습니다. 그래서 연명 치료가 소용이 없을 때는 실시하지 않는다는 사회적 합의가 없을뿐더러 의학계에서도 연명 치료에 대해 충분한 논의가 이루어지지 않

앚습니다. 그 결과, 의사라면 환자를 살릴 수 있는 가능한 모든 방법을 동원해 살려야 한다는 사고방식이 자리 잡게 되었습니다.

행복한 노년을 보내기 위해서도 기본적으로 이렇게 생각합니다.

하지만 정말로 행복할까요? 이 문제야말로 저마다 갖는 생사관의 차이에서 비롯되므로 가타부타 말할 수는 없습니다.

하지만 살아갈 희망도 없이 누워서만 지내는 고령자가 적지 않습니다. 문제의 근간에 사람은 어차피 언젠가 죽는다는 관점이 빠져있기 때문은 아닐까 생각합니다.

쇠약해진 나, 인정하고 나면 마음이 편하다

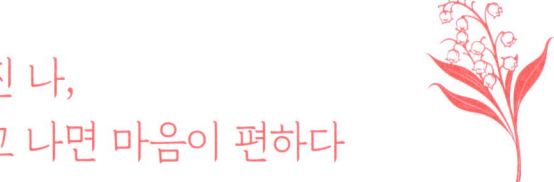

 사람은 언젠가 세상을 떠납니다. 누구나 알고 있지만 좀처럼 받아들이기 어려운 사실입니다. 그래서 '노후의 2부제'를 제안합니다.

 제1장에서 '인생은 2부제'라고 말했는데 노후도 전반과 후반으로 나누어 볼 수 있습니다.

 2부제로 나누면 노년을 받아들이기 쉬워집니다. 그뿐만 아니라 건강하게 보낼 수도 있습니다.

 전반은 '세월과 싸우는 시기'입니다. 70대 중반에서 80대 초반의 사람이 여기에 해당합니다.

 후반에는 '노년을 받아들이는 시기'로, 나이대로 보면

80대 중반에서 90대의 사람이 해당합니다. 개인차가 있으므로 나이는 어디까지나 기준일 뿐입니다.

'세월과 싸우는 시기'에는 쇠약해지는 몸의 기능을 되도록 떨어뜨리지 않으려고 현재 상태를 유지하는 데 힘씁니다.

70대 초반에 치매에 걸렸거나 돌봄이 필요한 사람의 비율은 10%도 되지 않습니다. 그래서 방심이라고 할 수 있는 착각을 하게 됩니다. 자신은 마치 영원히 건강하게 살 수 있을 것만 같은 착각을 일으키는 것입니다. 사실은 이 방심이 이후의 삶에 영향을 줍니다.

운동기능과 뇌 기능은 쓰지 않고 두면 점점 저하됩니다. 하지만 **건강할 때 기능을 유지하려고 노력하면 저하 속도를 낮출 수 있습니다**.

오늘 할 수 있는 일은 내일도 할 수 있고 내일 할 수 있는 일은 모레도 할 수 있다는 마음으로 하루하루 가능한 일들을 차곡차곡 쌓는 습관을 들여야 합니다. 그러면 80대와 90대의 생활의 질을 꽤 오랫동안 유지할 수 있습니다.

그렇지만 가는 세월을 완전히 막을 수는 없는 법입니다.

그래서 '노년을 받아들이는 시기'로 능숙하게 옮겨가야 합니다. 시기 전환이 제대로 이루어지지 않으면 나이를 먹어가는 자신에게 실망하게 됩니다. 과거의 모습에만 의존해 현재의 자신에게 패배감과 좌절감을 느끼며 적적한 노후를 보내기 마련입니다.

한편 노년을 있는 그대로 받아들일 수 있다면 불가능한 일보다 가능한 일을 더 찾게 됩니다. 또 지팡이와 휠체어의 힘을 빌리거나 가족과 다른 사람의 도움에 대한 심리적인 부담도 줄어듭니다.

행복하게 노후를 보내는 80대와 90대의 환자를 진료하다 보니 어느 정도 시기가 되었을 때 노년을 올바르게 받아들인 사람이 마지막까지 건강하고 오래 산다는 사실을 깨닫게 되었습니다

남은 시간을
남김없이 후회 없이 다 쓰고 가기

'사람은 언젠가 죽는다'라는 사실을 몇 년 전에 죽음을 의식했을 때 새삼 깨달았습니다.

몸 상태가 매우 좋지 않아서 평소에는 꺼리던 혈액검사를 받았는데 그 결과 혈당치가 660mg/dl이었습니다. 중증 당뇨병인가 싶던 차에 체중도 급격하게 줄어 췌장암도 의심된다는 말을 듣고 그토록 멀리하던 모든 검사를 받았습니다.

인슐린이 분비되지 않아 중증 당뇨병으로 이어지는 췌장암이라면 이미 말기라고 할 수 있습니다. '아, 나도 결국 이렇게 죽는구나' 싶었습니다. 예전부터 혈압이 높아서 만성 심부전에 걸리기 쉽다는 말을 들었기 때문에 오래는 못 살겠다고 막연히 생각하던 차였습니다. 그렇다고 해도 왠지 죽음은 남의 이야기였고 나와는 거리가 먼 이야기라고 생각했습니다. 하지만 이때 처음으로 분명하게 죽음을 자각하게 되었습니다.

예전부터 만약 **암에 걸려도 치료를 받지 않겠다**고 마음먹었습니다. 수술, 항암제, 화학요법을 쓰더라도 체력이 매우 떨어져서 하고 싶은 것도 포기해야 한다고 생각했기 때문입니다.

설령 췌장암 판정을 받더라도 초반에는 일상생활이 가능하므로 온 힘을 다해 좋아하는 일에 매진하겠다고 마음먹었습니다. 책도 쓰고 싶은 만큼 쓰고, 빚을 내서라도 예전부터 만들고 싶은 영화도 제작하겠다고 결심했습니다.

젊었을 때부터 의사 일을 하면서 누군가의 죽음을 줄곧 보아왔기 때문에 사람은 결국 죽는 존재라는 사실을 잘 알고 있었습니다. 그래서 살아있는 동안만큼은 즐겨야 한다고도 생각했습니다. 하지만 **실제로 죽음이 다가오자 삶에 대한 열망이 강해졌습니다.**

목숨을 연명하기 위해 암과 싸우는 것이 아니라 남은 시간 동안 온 힘을 다해 살자는 마음. 어차피 죽을 테니 **좋아하는 것을 하고 싶은 만큼 다 하고 가겠다는 결심**이 선 것입니다.

다행히도 암은 발견되지 않았습니다. 하지만 그때 죽음과 마주한 기억은 지금도 제 안에 온전히 살아있습니다. 어차피 죽을 테니 생을 잘 마무리하자고, 숨이 붙어 있는 한 원하는 일을 하면서 살자고, 모든 환자와 행복한 노후를 보내는 사람들에게 당당히 말할 수 있게 되었습니다.

내일이 아닌
오늘이라는 날의 꽃을 따라

　존경하는 의사 곤도 마코토 선생님께서 이런 말씀을 하셨습니다.

　고대 로마에서부터 전해지는 '메멘토 모리'와 그 대구(對句)인 '카르페디엠'입니다.

　메멘토 모리는 '죽음을 기억하라', 카르페디엠은 '지금 바로 이 순간에 충실하라'라는 의미입니다.

　사람은 반드시 죽으니 어쩔 수 없는 일이라 각오하고 현재를 소중히 여기고 즐겁게 살자는 말입니다.

　바로 제가 의도하는 바입니다.

　지금껏 사람은 어차피 세상을 떠난다고 이야기했는데

어차피 죽을 것이니 모든 일이 헛되다며 포기하는 것이 아니라, 어차피 누구나 죽는다면 오늘 이 순간을 충실하게 보내자는 말입니다.

오늘, 바로 지금을 쌓은 결과가 수명입니다.

고령자 전문 정신건강의학과 의사로 지금까지 6,000명 이상의 환자를 만났습니다. 요양 현장뿐만 아니라 다양한 곳에서 만난 사람들을 포함하면 1만 명이 넘습니다.

적지 않은 경험에서 말하자면, 80세 넘게 지금을 사는 일은 매우 행운이라는 것입니다. 큰 사고를 당하지도 않고, 수많은 질병과 감염병에도 몸과 마음이 꺾이지 않는 오늘을, 이 순간을 살고 있다는 것은 결코 당연한 일이 아닙니다.

인간의 생명은 매우 강하지만 동시에 덧없기도 합니다. 유감스럽게도 어떤 이유로 우리는 반드시 언젠가 죽습니다. 죽을 확률은 100%이며, 이는 변하지 않습니다. 그리고 나이를 먹으면 먹을수록 떠날 확률은 높아집니다.

오늘 일을 내일이나 내년으로 더 이상 미루지 못할 수도 있습니다.

'어떤 일을 시작하기로 했다면 당장 실행해야 한다'라는 말은 바로 행복한 노년을 보내는 사람들에 대한 격려입니다.

맛있는 음식을 먹고 싶으면 오늘 먹으러 갑시다.

여행을 떠나고 싶다면 지금부터 준비합시다.

자녀가 보고 싶다면 바로 전화해서 보고 싶은 마음을 전합시다.

명품 가방이 갖고 싶다면 당장 매장에 가봅시다.

오늘 한 걸음 내딛기. 그 행동력이 내일로 이어집니다.

편안한 죽음, 그야말로 지금은 '대왕생' 시대

　백 명의 사람에게는 백 개의 삶이 있습니다. 저마다의 사람들이 각자의 인생을 열심히 삽니다. 그런데도 죽음은 공평하게 찾아옵니다.

　큰 병에 걸려 죽는 사람도 있고 사고로 세상을 떠나는 사람도, 노쇠하여 시들시들 죽는 사람도 있습니다. 죽음에는 훌륭함도 비참함도 없습니다. 어떤 식이든 죽음은 모두 같은 죽음입니다.

　차이가 있다면 역시 어떻게 죽느냐가 아니라 어떻게 사느냐입니다.

　좋은 인생이었다고 만족하며 세상을 떠날 것인가, 이런

삶을 원하지 않았다며 후회를 안고 떠날 것인가.

어느 쪽을 고르겠습니까?

불교에서는 평안한 죽음을 '대왕생(大往生)'이라고 하는데, '크게 살다 가다'라는 뜻입니다. 어떤 삶을 가리키는 말일까요?

하고 싶은 것을 하며 사는 삶이라고 생각합니다.

혹은 하고 싶은 것만 하며 사는 인생입니다.

훌륭한 사람과 부자만이 편안한 죽음을 맞이하는 것이 아닙니다. 오히려 이름 없는 평범한 사람이 하고 싶은 일을 하다 편안하게 죽음을 맞이할 수도 있습니다.

그런 의미로 여성이 보다 편안한 죽음에 이를 가능성이 높습니다. 남성에 비해 건강하고 오래 사는 사람이 많기 때문입니다.

현대는 말 그대로 '여성 대왕생의 시대'입니다.

고독한 죽음,
자유롭게 살았단 증거일 수도

혼자 사는 사람의 죽음이 늘고 있다고 합니다. 남녀의 비율은 알 수 없지만 열에 아홉 정도는 여성이 아닐까 싶습니다. 두 가지 이유가 있습니다.

하나는 남성의 평균 수명이 짧기 때문입니다. 예를 들어 부부 중 남편이 먼저 사망하고 아내가 혼자 살게 될 확률이 높다고 생각할 수 있습니다.

또 하나는 남성이 혼자가 되면 자녀가 돌보는 경우가 많기 때문입니다. 남성은 집안일이 서툰 경우가 많아 차마 두고 볼 수 없던 자식이 같이 살자고 청합니다.

하지만 여성은 자신을 스스로 돌볼 수 있는 사람이 많

습니다. 자녀와 불편한 마음을 안은 채 함께 사는 것보다 혼자서 자유롭게 살고 싶다고 생각합니다. 남편이 세상을 떠나고 혼자가 되었다고 해방감을 맛보는 사람도 있을 것입니다.

이렇듯 자유로운 삶도 편안한 죽음에 이르는 한 형태입니다.

세상의 눈으로 보면 고독사는 너무나도 쓸쓸한 죽음일 수 있지만 그렇지 않을지도 모릅니다. 어떤 죽음을 맞이하더라도 인간은 종국에는 혼자입니다. 가족이 돌봐주어도, 병원에서 튜브를 꽂고 연명하더라도 마지막 순간에는 결국 혼자입니다.

그 순간에 좋은 인생이었음을 깨달을 수 있다면 더할 나위 없이 행복합니다.

다른 사람을 신경 쓰거나 참기만 하는 삶이 아니라 현재를 충실하게 살고 자신답게 사는 것. 이런 삶에 만족한다면 죽음의 순간은 그다지 중요하지 않습니다.

저는 이른바 평안한 죽음을 이룬 사람을 적지 않게 보아 왔습니다. 이들은 자연스럽게 죽음을 받아들이고 평온하게 마지막을 맞이했습니다. 물론 고독사의 순간을 지켜본 적은 없습니다. 하지만 충분히 자신답게 살았다면 마지막 순간에 만족감을 안고 죽음을 받아들이지 않았을까 싶습니다.

인생의 결말,
정해놓은 대로 되지 않는 법

 일본에서는 인생의 마지막을 준비하는 활동을 '종활(終活)'이라고 합니다.

 그중 하나가 말기 의료입니다.

 죽음의 문턱에 다다르면 호흡기를 달거나 수액을 꽂거나 위루관•을 삽입하기도 합니다. 그리고 마지막 순간이 다가오면 헐떡이듯 하악호흡을 시작합니다. 가족들은 많이 힘들어하는 모습을 보며 안쓰러움을 감추지 못합니다.

 하지만 사실 평소에 의식이 없으므로 환자 본인은 괴로

• 음식을 씹거나 삼키기 어려운 환자에게 위(胃)를 통해 직접 영양을 공급하기 위해 삽입하는 관(튜브)_옮긴이

움과 고통을 느끼지 않습니다.

'존엄사'라는 말이 있습니다. 의료에 의한 연명 치료를 하지 않고 자연스럽게 죽음을 맞이하는 것입니다. 인간의 존엄을 유지한다는 의미에서 이를 '존엄사'라고 부릅니다. 의미 자체를 부정하지는 않지만 어딘가 눈속임 같은 느낌이 있습니다.

왜냐하면 마지막 순간에는 인간의 존엄을 유지한다며 의료행위를 하지 않으면서, 그전에는 인간의 존엄을 무시한 의료를 행하기 때문입니다.

예를 들어 70세의 고혈압 환자에게 의사는 혈압약을 먹으라, 염분을 줄이라, 술을 끊으라고 지시합니다. 환자는 그때부터 수십 년 동안 맛없는 식사를 하고 술도 마시지 않고 몸이 휘청거려도 약을 계속 먹습니다.

이는 강제로 참고 살게 만드는 연명 치료라고 할 수 있습니다. 이 치료로 수명이 정말 늘어날지는 의사조차 알 길이 없습니다.

그런데도 이 불확실한 의료를 위해 즐거워야 할 노년을 따분한 노후로 만들어버립니다. 이는 인간의 존엄을 짓밟는 의료인 셈입니다.

　진심으로 자신의 존엄을 유지하고 싶다면 말기 의료뿐만 아니라 행복한 노년을 위해 필요 이상의 적극적인 의료행위 자체를 자제해야 합니다.

편안한 죽음,
그 시작점은 바로 환갑부터

　앞에서 말한 인간의 의료와 존엄의 문제는 평안한 죽음으로도 이어집니다.

　평안한 죽음도, 말기 의료도 모두 죽음 직전부터가 아니라 60대 정도부터 시작되기 때문입니다. 앞으로 어떻게 살 것인지를 선택하는 시기가 60대입니다.

　수명이 조금 줄어들더라도 참지 않고 수긍하며 살 것인가.

　수명은 조금 연장될지 몰라도 모든 것을 참으며 살 것인가.

　'마음을 굳게 먹다'라는 말이 잘 어울릴지도 모릅니다.

60대에 마음을 굳게 먹기. 빠르면 **40대나 50대 때 단단히 결심하는 것**도 좋습니다. 70대라면 망설이지 말고, 80대라면 서둘러 마음을 굳게 먹어야 합니다.

그렇다고 해도 생명과 관련된 일이므로 쉽게 결단할 수 없습니다. 그러므로 오랫동안 고령자 의료에 종사한 사람들의 조언을 참고하면 좋습니다.

예를 들어 40~50대는 의사가 하는 말을 잘 들을 경우 확률적으로 조금 오래 살 수도 있는 시기입니다. 잘해야 4~5년의 차이겠지요. 하지만 이 연령대는 자식이 있는 사람이 많아서 곧잘 의사의 지시에 따릅니다. 저도 자식이 성인이 될 때까지는 건강하게 일하는 것이 부모의 책임이라고 생각했습니다. 지금은 딸들도 결혼했고 일에서도 물러날 때가 돼서 자유롭게 살고 있습니다.

60대는 의학적인 돌봄보다 정신적인 안정이 장수의 확률을 더 높일 수 있습니다. 무작정 참고 스트레스를 받으며 살기보다 하고 싶은 대로 맘 편히 사는 쪽이 질병에도 잘 걸리지 않습니다. 혹 걸린다 해도 쉽게 낫습니다.

70~80대는 의사의 말대로 해도 수명 연장에 큰 변화가

없습니다. 끽해야 수개월에서 1~2년 차이가 날 뿐입니다. 게다가 이 시기를 건강하게 보낼 것이란 보장도 없습니다. 최악의 경우 병원에서 침대 생활만 할 수도 있습니다.

오래 살기란
올바른 생활보다 즐거운 생활

 앞에서도 이야기했듯이 일본은 암으로 사망하는 나라입니다.

 암을 물리치기 위해서는 면역력을 높여야 합니다. 그런데도 일부러 면역력을 떨어뜨리는 생활을 합니다.

 육류를 줄이고 염분을 피하고 술 담배도 멀리하면서 즐거움이 사라진다면 면역력은 계속 떨어질 뿐입니다. 결과적으로 암에 쉽게 걸리는 몸이 만들어지고 맙니다.

 육류도, 간이 센 식사도, 술 담배도 심장병 위험을 높인다는 부정적인 면이 있습니다. 하지만 완전히 나쁘지는 않습니다. 행복한 기분을 높여주고 면역력을 올리는 긍정적인 면도 있습니다.

즉 어느 쪽을 선택하면서 살아갈지의 문제입니다.

극단적으로 말하면 의사의 지시를 듣고도 암으로 사망하거나, 자유롭게 살다가 심장병으로 사망하는 문제입니다.

또는 의사가 하는 말을 듣고 약간 오래 살거나, 자유롭게 살다가 약간 빨리 죽는 문제이기도 합니다.

정말 그렇게 될지는 알 수 없습니다. 일본에서는 대규모 비교조사를 한 적이 없기 때문입니다. '그럴 수도 있다'라는 가능성만 언급할 수 있습니다.

의사는 올바른 사실만을 전달한다고 섣부르게 판단해서는 안 됩니다. 물론 일부러 거짓말을 하지는 않습니다. 다만 불완전한 정보를 믿고 의료를 행하는 것에 지나지 않습니다. 이 점을 염두에 두어야 합니다.

어느 쪽을 선택하더라도 불완전한 정보일 뿐이므로 스스로 결정해야 합니다. 나쁘게 말하면 '모 아니면 도'입니다.

그렇다면 자유롭게 사는 편이 낫지 않을까 싶습니다. 물론 이런 의견이 전부 정답은 아닙니다. 다만 설득력을 높이자면 고령자 의료 현장에 35년이나 몸담은 경험에서 나온 말이라고 할 수 있겠습니다. 그 경험에서 말해 보자면 절제하고 무력하게 사는 사람보다 자유롭게 사는 사람이 더 건강하게 오래 삽니다.

죽음의 순간,
고통이란 없다 단지 편안할 뿐

　일본인 만큼 '건강 마니아'가 많은 나라는 어디에서도 찾아볼 수 없습니다. 죽음을 외면하는 만큼 죽음을 매우 두려워하기 때문에 그렇습니다.

　여기서 죽음에 대해 알아두면 좋은 한 가지 사실이 있습니다.

　바로 죽음의 순간은 고통스럽지 않다는 것입니다.

　인간은 마지막 단계에 접어들면 의식이 떨어지고 잠든 듯 죽음을 맞이합니다. 의식이 없으니 **고통도 괴로움도 없습니다**.

　암 환자가 고통에 얼굴을 일그러뜨리고 죽어간다는 이

야기를 들은 적이 있을 겁니다. 분명히 아프고 고통스러운 암도 있습니다. 암이 발병한 부위가 좋지 않고 신경을 건들기라도 하면 고통이 동반되고, 기도를 누르고 있다면 숨쉬기조차 힘듭니다.

그러나 모든 암이 아프고 괴롭지는 않습니다.

그리고 고통은 완화할 수 있습니다. 예를 들어 의료용 모르핀을 사용하면 고통은 거의 느껴지지 않습니다. 양을 늘릴 수 있어서 심하게 고통스러울 때도 효과를 볼 수 있습니다. 또 신경차단주사도 고통에 효과가 있습니다.

제가 근무하던 고령자 전문 요쿠후카이병원에서는 환자가 세상을 떠나고 난 후 해부를 하고 있는데, 그 횟수는 연간 100건 정도에 달합니다. 그 결과 85세 이상 환자 중 거의 대부분의 몸에서 암이 발견되었습니다. 그런데 생전에 암에 걸렸다는 사실을 알고 있던 사람은 3명 중 1명꼴입니다. 나머지는 **암에 걸렸다는 사실조차 모른 채 세상을 떠났습니다**.

즉 고통도 괴로움도 없이 죽음을 맞이한 것입니다.

참으로 '모르는 것이 약'입니다. 암에 걸렸다는 사실을 알게 되면 그저 고통뿐인 치료를 받았을지도 모릅니다. 물론 치료를 받지 않겠다고 선택할 수도 있습니다.

  하지만 이미 알게 된 이상 치료를 받아야 할지 말아야 할지 망설이게 마련이고, 받지 않겠다는 선택을 하더라도 고통과 괴로움을 겪게 된다면 치료를 받았어야 했다고 후회하게 됩니다. 때문에 아무것도 모른 채 죽음을 맞이하는 것이 더 나은 일일지도 모릅니다.

3장

남성 호르몬이 여성에게 효과가 있다?

The Wall at Age 80 for Women

나이가 들어
시들어가는 남자 피어나는 여자

《80세의 벽》이 큰 사랑을 받은 덕분에 강연회 등에 참가할 기회가 많아졌습니다. 얼마 전에도 넓은 홀에서 강연할 기회를 얻었는데 무려 3층 좌석까지 가득 자리를 메워주셨습니다. 모든 사람의 시선이 쏠리자 역시 손에 땀이 나더군요.

대부분 여성이었습니다. 80~90% 정도였을 겁니다. 그래서 그런지 강연장은 환하고 흥겨웠습니다. 옷차림도 화려하고 무엇보다 활기가 넘쳤습니다.

청중들이 재미없는 농담에도 웃어주고 크게 고개도 끄

덕여주어서 강연장 분위기가 밝아졌습니다. 이렇게 되면 자연스럽게 이야기도 열기를 띠고 쓸데없는 농담도 하게 됩니다.

여성 관객이 많은 강연장을 보고 다시 한번 깨달았습니다. 역시 지금까지 책에 써온 내용이 옳았다는 것을요.

이런 내용입니다.

60세의 벽을 넘으면 여성은 활기가 넘치고 남성은 움츠러듭니다.

얼마 전의 강연회뿐만이 아닙니다. 전통 공연이나 가수의 콘서트장도 마찬가집니다. 인기가수의 라이브 공연장에도 고령 여성들의 높고 명랑한 목소리가 가득하다고 합니다. 백화점에도 관광지에도 노년 여성들의 건강한 모습이 눈에 띕니다.

왜 노년 여성들은 이렇게 건강할까요?

그 비밀은 의외로 남성 호르몬에 있습니다.

그렇다면 고령 여성에게서 남성 호르몬이 나오는 이유는 무엇일까요?

성 호르몬, 생명력을 가르는 가늠자

일반적으로 갱년기를 지날 무렵이 되면 남성은 무력해지고 여성은 활기가 넘치는 경향이 있습니다. 그 비밀은 바로 남성 호르몬입니다.

남성은 남성 호르몬이 줄어드는 한편 여성은 증가합니다.

가장 잘 알려진 남성 호르몬의 역할은 성욕입니다. 그뿐만이 아니라 의욕과 근육, 운동기능과도 큰 관련이 있습니다. 의사들이 '건강 호르몬'이라는 별명을 붙이려는 이유도 이 때문입니다.

남성 호르몬이 감소하면 **성욕이 떨어지거나 이성에 대한 관심이 줄어들 뿐만 아니라** 의욕 자체가 저하됩니다.

또한 사람들과 만나기도 귀찮아지고 성가신 일도 피하려고 합니다. 근육도 줄어듭니다.

  고령의 남성이 주로 집에서만 지내는 이유도 남성 호르몬의 감소와 관련이 있습니다. 반대로 고령의 여성이 활기가 넘치는 이유는 남성 호르몬이 증가하기 때문입니다.

육류야말로
건강을 유지하는 비결이 된다

남성 호르몬은 갈수록 줄어들 수밖에 없는 것일까요?

그렇지 않습니다. 늘릴 수 있습니다.

육식이 한 방법입니다. 육류에 포함된 콜레스테롤은 남성 호르몬의 재료가 됩니다.

또한 운동으로도 늘어납니다. 그러므로 열심히 움직여야 합니다. 산책이나 체조도 좋습니다. 최근에는 양손에 스틱을 쥐고 걷는 사람이 늘고 있습니다. '노르딕 워킹'이라고 불리는 방법인데 스틱이 지팡이 역할을 해서 넘어지지도 않을뿐더러 손을 크게 휘두르기 때문에 어깨뼈가 움직입니다.

허벅지로 걸을 수 있다는 점도 매력적입니다. 온몸의 혈류가 좋아지고 심폐기능도 높아지는 추천할 만한 운동입니다. 수영도 좋습니다.

특별한 운동을 하지 않아도 집안에서 조금씩 움직이는 것만으로도 효과는 있습니다. 청소나 창문 닦기, 식사 준비나 뒷정리, 빨래를 널고 개기, 목욕 준비 등 운동이 되는 동작이 많습니다. 집안 식구에게 무언가를 가져다 달라거나 대신해 달라고 하지 말고 스스로 하는 것이 중요합니다. 그것만으로도 운동량은 달라집니다.

여성에게 남성 호르몬이 많은 이유는 의외로 집안일과 관련이 있을 수도 있습니다.

오늘의 근력,
계속 유지해서 장수하기

　남성 호르몬은 근육과도 관련이 있습니다. 근육을 늘리면 남성 호르몬도 증가하고 남성 호르몬을 늘리면 근육도 증가합니다. 그러므로 근육이 약해진 고령 환자에게는 '남성 호르몬 보충요법'을 실시하기도 합니다.

　80세 때 에베레스트 세계 최고령 등정을 이루어낸 미우라 유이치로라는 등산가의 위업 속에는 남성 호르몬의 도움이 있었습니다.

　미우라 등산가는 76세 때 스키를 타다가 넘어져 골반과 넙다리뼈가 골절되는 큰 부상을 당했습니다. 나이를 생각하면 앞으로 죽을 때까지 침대 생활을 하게 되는 건 뻔

한 일이었습니다. 미우라 등산가도 근력이 저하되고 기력도 떨어졌다고 합니다. 그런데 이때부터 마음을 굳게 먹고 다시 일어섭니다. 의사의 권고로 남성 호르몬(테스토스테론) 주입을 시도했습니다. 그러자 기력과 체력이 회복되고 근력도 돌아왔습니다. 그렇게 위업을 달성한 것입니다.

일반적으로 고령이 되면 근육은 줄어듭니다. 70대가 되면 그 속도가 빨라지고 허벅지의 근육량은 30세 때 근육량의 3분의 1까지 떨어진다고 합니다.

근육이 줄어들면 사르코페니아(근육량과 근력 저하)라는 상태가 되어 일상생활에 지장이 생기는 사람도 있습니다. 걷는 것이 힘들어지고 움직이는 것도 점점 귀찮아지면서 그로 인해 근력은 더욱 떨어지게 됩니다.

이때 나이 탓을 하며 움직이지 않는 생활을 이어가야 할까요, 아니면 나이도 먹었으니 새로운 일에 도전해야 할까요.

똑같이 나이가 들었어도 어떤 마음가짐인가에 따라 노후는 크게 달라집니다.

근력은 노년을 건강하게 보내기 위한 운명을 쥐고 있는

셈입니다. 이를 위해서는 남성 호르몬을 늘려야 합니다. 육식, 운동, 성생활에 더해 호르몬 보충요법도 고려해야 합니다.

미모와 건강, 성호르몬 보충으로 유지하기

호르몬 이야기가 나와서 말인데, 애당초 '호르몬'이란 무엇일까요?

정육점에서 파는 호르몬*은 소와 돼지의 내장입니다. 일본어로 '호르(버리다) 몬(것)'이라는 의미에서 '호르몬'이라고 부른다는 설도 있습니다. 말장난입니다.

하지만 남성 호르몬의 '호르몬'은 '버리는 것'이 아닙니다. 인간의 호르몬은 인간이 살아가는 데 빼놓을 수 없는 것입니다.

---

* 일본에서는 소나 돼지의 내장 요리를 '호르몬(ホルモン)'이라고 일컫는다._ 옮긴이

인간에게는 100종류가 넘는 호르몬이 있다고 알려져 있습니다. 호르몬은 뇌와 갑상선, 췌장, 생식기를 비롯해 여러 기관에서 만들어지고 분비되며 혈액을 통해 온몸으로 운반됩니다. 장기와 기관이 정상적으로 움직일 수 있도록 조절하는 역할을 하는데 여성 호르몬과 남성 호르몬도 그중 하나입니다.

여성 호르몬은 다른 이름으로 '미인 호르몬'이라고 불립니다. 사춘기 여자아이는 가슴이 커지고 몸도 곡선을 띠게 됩니다. 생리를 시작하고 임신도 가능해집니다. 이것이 여성 호르몬의 역할입니다. 20대에 분비량이 가장 많고 갱년기가 되면 감소합니다. 그렇지만 20대라고 해서 마구 넘치는 것은 아닙니다. 평생 분비되는 양은 한 숟가락 정도입니다. 불과 얼마 안 되는 양으로 큰 영향을 주는 것입니다.

남성 호르몬도 사춘기에 늘어납니다. 남자아이의 몸은 급격하게 단단해지고 체모도 짙어집니다. 첫 사정도 시작합니다. 성욕도 높아지고 이성에게 가슴이 뛰게 됩니다. '야한 호르몬'이라고 불리는 이유가 바로 성욕과 관련되기 때문입니다.

하지만 성욕뿐만이 아닙니다. 의욕도 올라갑니다. 입시 공부에 매진하려는 마음과 스포츠 대회에 나가겠다는 목표가 생기고 이를 위해 노력하게 됩니다.

또 근력과 지적기능도 높아집니다. 중학생이 되면 남자의 운동능력과 학력이 쑥 오르는 것도 남성 호르몬의 영향입니다.

앞서 미우라 유이치로 등산가 이야기를 했습니다. 미우라 등산가에게 호르몬 보충요법을 행한 사람이 구마모토 요시아키 선생님입니다. 94세까지 현역으로 의사 일을 이어온 건강과 장수의 본보기 같은 인물입니다. 구마모토 선생님은 남성 호르몬이란 이름이 마음에 들지 않는다며 '건강 호르몬'이라고 부르자고도 했지요.

성 호르몬,
많은 사람일수록 정이 많다

 최근 남성 호르몬에 대해 흥미로운 학설이 발표되었습니다. 〈네이처〉라는 유명 잡지에 게재된 것으로 한마디로 설명하면 이렇습니다.

 '남성 호르몬이 많은 사람이 다정하다'

 남성 호르몬을 여성에게 보충하면 **기부금과 봉사활동 비율이 증가한다**는 내용도 있었습니다.

 이 기사를 보고 바로 짚이는 구석이 있었습니다.

 제정 로마 제국의 기틀을 닦았던 카이사르나 중국 역사상 최초의 평민 출신 황제였던 한나라의 유방은 '호색'으로 유명했습니다. 여성에 대한 편력이 심한 지도자이긴

했지만 동시에 성격이나 정책에서 약자를 살피는 측면이 적지 않았다고도 합니다.

남성 호르몬이 많은 사람은 투쟁적이기는 하지만 약자를 돕고 강자를 누르는 면이 있습니다. 이른바 '의협심'이라는 표현에 더 가까울지도 모릅니다.

물론 여성 중에도 남성 호르몬이 많은 듯한 정치가가 있습니다. 최초의 여성 영국 총리이자 신자유주의 정책으로 '대처리즘'이라 불리는 시대를 열었던 마거릿 대처, 역시 여성 최초의 미국 주요 정당 대선 후보였던 힐러리 클린턴 등은 여느 남성 정치가 못지않은 정치력으로 역사의 한 페이지를 장식했습니다.

물론 이들의 정치적 업력을 단순하게 남성 호르몬의 영향으로만 이야기하는 것은 어리석은 일일 것입니다. 하지만 남성 정치인과는 확연히 다른 여성만의 섬세한 장점으로 대중의 지지를 확보했다는 것은 음미할 만한 대목입니다.

언제까지나
윤택해지려면 여성 호르몬

의사에 관해 예전부터 문제라고 여겼던 점이 있습니다.

바로 혈압과 혈당치를 측정해서 높으면 내리도록 건강 지도를 하면서 호르몬 수치는 측정조차 하지 않는다는 것입니다. 혈액검사로 쉽게 알 수 있는데도 그냥 무시하곤 합니다.

여러 번 언급했듯이 호르몬은 중요합니다.

예를 들어 노년 여성에게 여성 호르몬을 보충하면 놀랄 정도로 피부에 생기가 돕니다. 폐경 후에는 질이 건조하고 단단해져 성관계 시 통증으로 어려움을 호소하는 경우도 있는데, 여성 호르몬을 보충하면 촉촉해지고 부드러워집니다. 성관계가 가능해지는 것이죠.

더욱 좋은 점은 골다공증 예방에도 효과적이라는 것입니다. 사실 여성이 골다공증에 걸리기 쉬운 이유 중 하나로 여성 호르몬의 감소를 들 수 있습니다. 그리고 골다공증에 걸리면 요통 등도 함께 생기기 때문에 활동적인 생활을 할 수 없습니다. 즉 점점 노화가 진행되는 것입니다.

유럽과 미국에서는 절반 정도의 사람이 여성 호르몬을 보충하고 있습니다. 그 결과 피부도 생기 넘치고 질도 건조하지 않으므로 고령자도 충분히 성관계를 즐길 수 있습니다. 이것은 아주 중요한 일입니다. 언제까지나 '여자'로 있을 수 있는 데 큰 역할을 하는 요인이기 때문입니다.

그런데 일본의 여성은 반대로 나이가 들었다고 일찌감치 여자임을 포기하고 마는 듯합니다. 속마음은 오랫동안 아름다움과 젊음, 윤이 나는 피부를 유지하고 싶을 텐데 말입니다. 이런 마음을 상스러운 것처럼 생각하는 풍토가 정말 안타깝습니다. 부족한 것은 채우면 됩니다.

여성 호르몬의 보충만으로도 생활은 크게 달라집니다.

젊음 되찾기,
예방의 비책은 일본식 라멘

 나이를 먹으면 관절이 아프다거나 손가락이 아프다는 사람이 많아집니다. 관절은 **콜라겐이 줄어들면서 부드럽게 움직이지 않기 때문에 아프게 됩니다.** 여성 호르몬의 영향도 어느 정도 있을 것입니다.

 그러므로 이를 예방하려면 역시 육류 등을 적극적으로 먹어야 합니다. 단백질과 지질을 섭취하는 데는 육류가 가장 좋기 때문입니다.

 손가락 저림의 원인으로는 말초신경염을 생각할 수 있습니다. 비타민B_{12}가 부족하여 생기는데 이를 보충하려면 비타민류를 섭취해야 합니다. 비타민B_{12}는 어패류에 많이 포함되었기 때문에 육류뿐만 아니라 생선도 먹어야 합니다.

이런 이야기를 하면 환자들은 다음과 같이 묻곤 합니다.

"선생님, 한 번에 다양한 영양소를 섭취할 수 있는 음식은 없나요?"

그럴 때 저는 일본식 라멘을 권합니다.

일본식 라멘은 젊은 사람들이 먹는 음식이라는 이미지가 있는데 그렇지 않습니다. 사실 노년일수록 라멘을 먹어야 합니다.

왜냐고요?

영양소 덩어리이기 때문입니다. 일본식 라멘 국물은 10종류에서 15종류의 식품을 넣어 푹 끓여 만듭니다. 소고기·돼지고기·닭고기와 그 뼈, 녹황색 채소, 뿌리채소, 버섯 등 다양한 식재료를 듬뿍 넣어 보글보글 끓입니다. 이 재료들의 풍부한 영양소가 녹아 나옵니다. 게다가 면은 탄수화물이라 당질도 섭취할 수 있습니다. 토핑으로 채소까지 곁들이면 한 그릇에 모든 영양소를 섭취할 수 있는 '종합 영양소'가 되는 셈입니다.

나이를 먹는다는 것은 지금까지의 상식이 통하지 않게

된다는 말이기도 합니다. 즉 의식을 바꿔야 할 때가 왔다는 의미입니다.

예를 들어 영양과 관련해서 보자면 노년기에는 남아돌아서 생기는 피해보다 부족해서 생기는 손해가 커집니다. 그러므로 잡식성인 편이 몸에 좋다는 생각을 가져야 합니다.

집에서 척척 요리를 해내는 것이 여성의 강점이기는 하지만 아무래도 식단이 다양할 수는 없습니다. 그래서 때로는 외식을 해야 합니다.

친구와 수다를 떨면서 식사를 하는 것도 좋고 혼자서 라멘을 먹으러 가는 것도 좋습니다. 의식적으로 행동을 바꿔보려는 태도가 행복한 노년을 보낼 수 있는 비결입니다.

건강검진,
받지 않는 여성이 오래 사는 법

 제3장에서는 주로 남성 호르몬과 여성 호르몬 이야기를 했는데 지금부터는 의료 이야기로 바꿔보고자 합니다.

 왜 여성은 남성보다 오래 사는지, 이상하게 생각한 적 없나요?

 생물학적으로 여성이 강한 면도 있겠지요. 하지만 그뿐만이 아니라 건강검진을 받지 않는 점이 그 원인 중 하나일 수도 있습니다.

 현대에는 남녀를 불문하고 건강검진을 받고 있는데 예전에는 일반적으로 회사에서 실시했습니다. 지금의 80세 이상 여성은 전업주부 비율이 높고 일을 했다고 하더라도 아르바이트이기 때문에 남성 검진자가 많았습니다.

가령 건강검진이 수명을 연장한다면 남성의 평균 수명은 늘어나고 여성은 줄어들어야 할 것입니다. 그런데 실제는 어떤가요. 평균 수명의 남녀 차는 오히려 벌어지고 있습니다. 게다가 압도적으로(남성의 평균 수명은 81.05세, 여성은 87.09세) 말이지요.

즉 검진은 장수와는 관계가 없다는 말입니다.

저희 어머니는 94세인데 검진을 받은 적이 없습니다. 아마도 동년배 여성 대부분이 검진을 받지 않고 있겠지요. 이것이 행복한 노년 여성의 건강과 장수의 요인이라고 확신합니다.

검진을 받고 모두 'A' 성적표를 받는 사람은 드뭅니다. 대부분이 어떠한 검사 항목에서 'B'나 'C'를 받습니다. 나이와 함께 개수는 늘어갑니다.

그러면 어떻게 될까요?

수치가 나쁜 항목이 있으면 걱정부터 하게 됩니다. 혹시 나쁜 병은 아닐까 하고요.

병은 마음에서 나온다는데 걱정이 늘면 몸은 나빠집니다.

그리고 병원에 가면 반드시 어떠한 진단명이 나오고 약을 처방받습니다.

그 결과 **먹지 않아도 될 약**을 굳이 먹고 몸을 나쁘게 만듭니다. 우리 주변에는 이런 사람이 많습니다. 이득을 보는 것은 병원과 제약회사뿐입니다. 손해를 보는 건 우리입니다.

고령자 전문병원에서 여러 사례를 봐왔기 때문에 검사 결과를 정상으로 만들면 건강하고 오래 살 수 있다는 착각은 거의 거짓말에 가깝다는 사실을 잘 알고 있습니다.

건강검진은
사람의 수명을 측정할 수 없다

  평소 존경하는 곤도 마코토 의사의 이야기를 해보겠습니다. 그분은 안타깝게도 2022년에 세상을 떠나셨습니다. 사인은 허혈성 심부전이었는데 흔히 돌연사라고도 합니다.

  전철을 타고 가다 기분이 이상해졌고 병원에 가려고 택시를 탔는데 그 안에서 심폐 정지가 왔다고 합니다.

  유족은 곤도 선생님에 대해 이렇게 말씀하셨습니다.

  "평소에 건강할 때 고통 없이 한순간에 죽고 싶다고 곧잘 말했어요. 그 말대로 되어서 소원을 이루었다고 생각합니다. 한 번 뱉은 말은 지키는 사람이었으니까요."

  세상을 떠나신 건 안타깝지만 의지가 매우 강한 분이셔

서 자신만의 삶을 온전히 살았다고 생각하면 조금은 마음이 편해집니다.

곤도 선생님은 건강검진을 철저하게 부정했습니다. 인터넷에서는 곤도 선생님의 부고를 듣고 건강검진을 부정한 응보라는 둥, 악플도 많이 달렸습니다.

그러나 건강검진을 받았다고 해도 심근경색은 막을 수 없었을 것입니다.

건강검진으로 심근경색을 알 수는 없기 때문입니다. 혈액검사에서도 물론 나오지 않습니다. 콜레스테롤 수치가 정상이더라도 심근경색으로 사망하는 사람은 많습니다.

심전도도 도움이 되지 않습니다. 고령자 전문 요쿠후카이병원에서 알게 된 사실인데 70대가 넘으면 건강한데도 심전도가 심근경색의 파형을 나타낼 때가 꽤 높은 빈도로 나타납니다. 반대로 심전도에서는 이상이 전혀 발견되지 않았는데 심장의 혈관이 막히기 시작한 경우도 볼 수 있습니다.

발견될 가능성을 알아보기 위해서는 관동맥 CT 검사를 받으면 됩니다. 하지만 이 검사는 건강검진 항목에 포함되지 않기 때문에 건강검진으로는 역시 예방할 수 없습니다.

통증이나 컨디션 난조가 있을 때 병원에서 검사를 받아보는 것은 분명 도움이 됩니다. 그러나 일반 건강검진은 오히려 생활의 질을 떨어뜨리고, 질병을 키우는 원인이 될 수 있습니다. 특히 행복한 노년을 보내려는 사람에게는 역효과가 날 가능성이 크다는 점을 반드시 염두에 두어야 합니다.

의사의 지시,
진지하게 들으면 암에 걸린다

　이제는 익히 알려져 있는 사실이지만 일본인의 사망 요인 1위는 '암'입니다.

　사망 요인의 약 25%를 차지하는데, 이는 곧 4명 중 1명은 암으로 사망한다는 말입니다.

　참고로 2위는 심장질환으로 약 17%입니다. 6명 중 1명은 심장에 병이 생겨 사망합니다.

　심장질환이란 무엇일까요? 가장 먼저 심근경색이 떠오릅니다. 하지만 그뿐만이 아닙니다. 협심증, 부정맥, 심부전, 심장판막증, 심막염 등 다양합니다. 이런 질병을 통틀어 '심장질환'이라고 부릅니다.

보통 의사들은 혈압을 내려야 한다, 혈당치를 내려야 한다, 염분을 피하라, 콜레스테롤은 나쁘다고 말합니다.

이유가 무엇일까요? 바로 혈관계 질병을 예방하기 위해서입니다.

과거 일본인의 사망 요인 1위는 뇌졸중이었습니다. 혈압이 높거나 염분을 많이 섭취하면 혈관이 터져서 사망에 이릅니다. 그러나 이는 영양 상태가 나빴던 시절의 이야기입니다.

전쟁이 끝난 후 영양 상태가 개선되면서 혈관은 튼튼해졌고 잘 터지지도 않습니다. 뇌졸중, 특히 뇌출혈로 사망하는 사람이 크게 줄어든 이유가 바로 이 때문입니다.

이제는 혈압도 염분도 콜레스테롤도 옛날처럼 건강의 적이라고는 할 수 없습니다. 오히려 행복한 노후를 보내기 위해서는 적이 아니라 아군인 셈입니다.

확실히 젊은 세대는 혈압, 염분, 콜레스테롤을 조절하는 편이 좋습니다. 이를 통해 심근경색이나 뇌경색 등 혈관계 질병의 확률이 조금이나마 줄어들 수도 있습니다. 그러나 어느 정도 내려갈지, 정말 내려가기는 하는지 명확

하지 않습니다. 대규모 조사가 시행된 적이 없어서 실태를 파악할 수 없습니다.

다만 한 가지, 분명한 사실은 있습니다.

위와 같은 생활을 지속하면 암에 걸리기 쉽다는 것입니다. 면역력이 떨어지니까요. 이는 스스로 암에 걸리려는 행동이나 매한가지입니다.

암을 외면해야, 치료를 하더라도 고통만 있을 뿐

 암은 죽음으로 이어지는 무서운 병이라는 사실을 우리는 너무나 잘 알고 있습니다.

 하지만 과연 그럴까요?

 제2장에서도 이야기했는데 중요한 이야기라서 한 번 더 반복하겠습니다.

 85세를 넘기면 거의 모든 사람에게 암이 생깁니다. 이는 고령자 전문 요쿠후카이병원에서 근무하면서 알게 된 사실입니다.

 사망한 환자의 시체를 연간 100건 정도 해부해보니 몸 어딘가에 암이 있었습니다.

그중 70% 정도는 자신이 암에 걸렸다는 것을 모른 채 사망합니다. 암을 알지 못한 채 매일 평범한 생활을 하다가 세상을 떠나는 것입니다.

그렇다면 이는 행복한 일일까요, 불행한 일일까요? 어떻게 생각하나요?

젊은 세대는 신체 활동이 활발해 암의 진행도 빨라 종양이 급속히 커지며 몸의 기능을 빠르게 빼앗아갑니다. 그러나 고령자는 진행이 더디기 때문에 암이라는 사실조차 모른 채 오랜 시간 동안 평범한 생활을 이어갈 수 있는 것입니다.

암이 언제 생겼는지는 알 수 없습니다. 적어도 4~5년은 몸속에 있었을 수도 있습니다. 이 사이에 모르는 게 약이라는 마음으로 평범한 생활을 지속하며 천수를 누리다 세상을 떠납니다.

가령 암이 발견되었다면 어떻게 되었을까요? 수술과 치료를 하다가 고통 속에서 여생을 보낼 수도 있습니다. 그 고통으로 수명이 크게 연장되면 좋겠지만 별 차이는 없습니다. 오히려 고통을 받으며 빨리 세상을 떠나는 경우가 많습니다.

즐거움을 줄여
생명까지 깎아내는 어리석은 사람

 앞서 말한 바 있지만 지금까지 약 6,000명 정도의 환자를 진찰해 왔습니다. 요양이나 직접 만난 사람까지 합치면 1만 명이 넘을 것입니다.

 경험에 비추어보면, 마지막에 후회가 없다거나 행복했다고 말할 수 있는 사람이 평온하게 마지막 순간을 보냅니다.

 보통 의사의 지시를 그대로 받아들여 먹고 싶은 것도 참고 술도 마시지 않고 담배도 억지로 끊습니다. 고령자에게서 즐거움이 사라진다는 것은 생명을 줄이는 행위인 셈입니다. 면역력이 현저히 떨어지고 생명력이 약해집니다.

주변에서 혈압이 높은 고령 남성이 술을 마시려고 하거나 안주에 간장을 뿌리려고 하면 아내가 말리는 광경을 곧잘 봅니다. 남편을 걱정해서 하는 일이겠지만 이 행동이 반대로 생명을 단축합니다.

반복하겠습니다. 젊은 세대에게 염분과 콜레스테롤은 건강의 적일 수도 있지만 60세가 넘으면 적은 바뀝니다.

고령자에게 최대의 적은 즐거움을 빼앗는 것입니다.

위험하니까 움직이면 안 된다거나 이 음식은 먹으면 안 된다며 행동을 제한하면 할수록 몸도 마음도 약해집니다. 면역력도 떨어집니다. 인간 본래의 다양한 생명력을 발산하지 못하게 되기 때문입니다.

육류를 먹자,
콜레스테롤은 우리 편이니까

　평안한 죽음을 막는 사람은 의사입니다. 지금까지 몇 번이나 말해왔습니다.

　노년기에 접어들고 나서가 아닙니다. 오히려 50대나 60대부터 시작됩니다. 검사 결과가 정상치에서 벗어나면 약을 처방하고 술과 담배를 끊게 하고 염분과 콜레스테롤을 억제하게 합니다. 이러한 의사의 행동은 무의미할 뿐 아니라 오히려 건강을 멀어지게 만드는 '비건강 장려'라고까지 말할 수 있습니다.

　신기하게도 사실 몸에 나쁜 것일수록 인간을 행복하게 만드는 효과가 있습니다. 대표적인 예가 바로 콜레스테롤입니다.

고기를 먹으면 나도 모르게 행복해지지 않나요?

그것은 꼭 고기가 맛있기 때문만은 아닙니다. 육류에 들어 있는 '트립토판'이라는 성분 때문입니다.

트립토판은 인간의 건강을 유지하는 데 빼놓을 수 없는 필수 아미노산의 일종으로 이것이 행복한 기분을 만들어 냅니다.

세로토닌이라는 말을 들어본 적 있을 겁니다. 별명은 '행복 호르몬'입니다. 그 이름대로 스트레스를 완화하거나 의욕을 북돋는 효과가 있습니다. 이 세로토닌을 뇌에 운반하는 역할을 하는 것이 콜레스테롤입니다.

흔히 콜레스테롤은 해악이라고 하지만 이는 큰 오해입니다. 실제로 고령자는 콜레스테롤 섭취량이 부족하면 기력이 떨어져 빨리 사망에 이르는 경향이 있다는 사실이 밝혀졌습니다.

콜레스테롤에 대해서는 뒤에서 자세하게 설명하겠지만 여기에서는 일단 행복과 건강과 장수에 꼭 필요한 성분임을 기억해 둡시다.

염분 줄이기, 지나치게 줄이면 죽음에 이른다

염분도 건강에 나쁘다고만은 할 수 없습니다.

사실 고령자 중에는 염분이 부족해서 '저나트륨혈증'에 걸리는 사람이 많습니다. 나이가 들어갈수록 그 경향은 두드러집니다.

인간에게는 어느 정도의 염분이 꼭 필요하다는 사실을 아실 겁니다. 저나트륨혈증이란 혈액 중의 염분 농도가 옅어지는 상태입니다. 의식이 몽롱해지거나 말이 어눌해지고 두통, 구토, 경련 등의 증상이 나타납니다.

고령 운전자 사고가 문제가 되고 있는데 그 원인은 인지 기능의 저하뿐만 아니라 저나트륨혈증도 관련이 있을 수 있습니다.

실제로 보행 중 갑자기 쓰러져 구급차에 실려 병원으로 가는 고령자 중에는 저나트륨혈증인 경우가 많습니다. 운전 중에도 충분히 발생할 수 있습니다.

인간의 몸은 아주 세밀하게 구성되어 있어서 필요한 성분이 부족하면 보충하려고 합니다. 짠 음식이 당기는 것도 그 일환입니다. 즉 **몸이 염분을 원하는 것**입니다.

그런데 의사에게 염분을 줄이라는 말을 듣고 참습니다. 가족들도 짠 건 좋지 않다며 염분을 철저하게 관리합니다. 그 결과 저나트륨혈증 상태로 이어집니다.

참고로 국제적인 대규모 조사에 따르면 하루에 10~15g의 염분을 섭취하는 사람의 사망률이 가장 낮다고 합니다. 그런데 일본 후생노동성 기준으로는 여성의 염분 섭취량은 겨우 6.5g 미만에 불과합니다.

혈압을 낮춰
오히려 가까워지는 치매

  혈압과 혈당치도 높으면 안 된다고 생각하기 쉬운데 꼭 그렇지는 않습니다.

  일반적으로 이 수치가 높을 때 머리가 맑아집니다. 고령자뿐만 아니라 아이들도 마찬가지입니다. 아침을 거르는 아이의 성적이 나쁜 이유는 당분 부족, 즉 혈당치가 낮기 때문입니다.

  혈관의 벽이 두꺼워진 고령자라면 더욱 그렇습니다. 가늘디가는 관 안에 충분한 혈액을 통과시키려면 흐름을 원활하게 해야 합니다. 혈압을 높여야 합니다.

  혈압이 낮으면 혈액은 정체됩니다. 그 결과 **뇌 구석구석**

까지 영양소와 산소가 도달하지 못하고 활동이 둔해집니다.

그러므로 고령자는 오히려 혈압이 높은 편이 좋습니다.

당시 87세의 현역 데이트레이더에게 이런 이야기를 들은 적이 있습니다. 하루에 수억 원씩이나 주식 거래가 가능했던 것은 머리의 회전이 빠르기 때문이라고요.

참고로 그분을 만났을 때 본인의 혈압을 알려주셨는데 242mmHg로 꽤 높은 편이었습니다. 두뇌가 명료하고 머리 회전이 빠르다는 사실은 이야기를 나눠보면 금방 알 수 있습니다. 그분은 이렇게 말했습니다.

"혈압이 높아도 아무 문제 없어요. 하지만 낮추는 것은 큰 문제예요. 멍해지고 머리가 돌아가질 않아요. 그런 상태에서 주식 거래는 말도 안 되죠."

하루하루를
'실험의 장'으로 만들어보기

 저는 지금 **혈압을 170mmHg, 혈당치 300mg/dL 정도로 유지**하려고 합니다. 너무 높지 않냐고 놀랄 수도 있습니다. 하지만 제게는 이 정도의 수치가 가장 적당합니다.

 방심하면 혈압은 220mmHg 정도, 혈당치는 600mg/dL 정도까지 오릅니다. 역시 이 정도는 몸에 무리를 주므로 낮추려고 합니다. 혈압은 약으로 조절하는데 혈당치에는 원칙적으로 약은 쓰지 않습니다. 운동으로 맞춥니다. 헬스장에는 다니지 않고 걷기만 합니다.

 저는 의사라서 그런가, 스스로 실험해 보는 편입니다.

 검사 수치를 본다면 다른 의사는 "이대로라면 죽어요!"

하겠지요. 하지만 저로서는 이 수치일 때 몸 상태가 좋습니다. 반대로 혈압과 혈당치를 너무 낮추면 머리가 멍해져서 일을 못 합니다.

즉 개인의 체질에 따라 다르다는 의미입니다. 앞서 87세 데이트레이더 이야기를 했습니다. 제가 그분을 만났을 때 혈압이 242mmHg 정도로 높은 편이었지만 평균 수명을 훨씬 뛰어넘은 88세인 지금도 여전히 건강하며, 새벽 4시에 일어나 공부하고 9시부터 15시까지 컴퓨터 앞에 앉아 주식거래를 합니다. 주식으로 벌어들인 자산은 무려 200억 원입니다.

그와 같은 방식으로 90년 가까이 살아온 사람에게 혈압이 높으니 낮추라고 말하지 않습니다. 실제로 의사의 말을 듣고 혈압을 낮추었더니 머리가 움직이지 않는다는 대답만 돌아올 테니까요.

그러므로 역시 어떤 일이든 해보지 않으면 알 수 없습니다. 그런데도 의사는 하기 전부터 답을 내려고 합니다. 이는 바람직하지 않습니다.

이 책을 읽고 있는 독자 중 많은 분들이 아마 저보다 나이가 많은 '인생 선배'일 것입니다. 제가 모르는 것을 많이 알고 있다는 말입니다. '저 의사는 그렇게 말해도 나는 이렇게 할 거야!' 하고 자유롭게 나만의 방식으로 사는 것이 가장 좋습니다.

해보지 않고는 모른다는 마음을 염두에 둔 삶의 방식. 그렇게 해야 적어도 하루하루가 '실험의 장'이 되고 지루하지 않을 것입니다.

실패는 곧
내일을 살기 위한 양식이 된다

 자신을 '실험의 장'으로 삼는 삶의 방식은 건강에만 국한되지 않습니다.

 예를 들어 저는 일본식 라멘으로 실험합니다. 보통 맛있는 집인지 모르겠는데 1시간 동안 줄 서서 기다렸다가 맛이 없으면 어떡하나 하고 고민합니다. 하지만 저에게는 실험입니다. 맛이 없으면 실험은 실패. 다음 실험을 위해 다른 가게를 찾습니다. 그렇게 여러 번 반복하다 보면 맛있는 가게를 만날 확률이 높아집니다.

 실험 주제는 뭐든 좋습니다.

 옷을 고를 때도 어떤 옷을 입었을 때가 가장 기분이 들프

는지, 다른 사람이 웃으면서 인사를 해 주는지 등 시험해 보는 재미가 쏠쏠합니다.

농담이나 유머도 마찬가지입니다. 일단 시도해봐야 언제 어떤 유머가 반응이 좋았는지 알게 됩니다.

이렇게 살면 하루하루가 즐거움으로 가득합니다.

조금 딱딱한 이야기일 수도 있지만, 일본인은 '교육의 벽'에 둘러싸여 있는 듯합니다. 삶의 방식을 점점 좁혀 가다 보니 처음부터 정답을 찾으려는 경향이 강해 실패는 적지만 결국 커다란 벽에 부딪히게 됩니다. 그리고 마침내, 숨이 막혀옵니다.

교육의 벽에 가로막혀 있어서 모르는 것이 있으면 절대 안 된다고 생각합니다. 이것이 지식편중의 사회와 학력주의로 이어졌습니다. 하지만 훌륭하다고 칭송받는 정치인이 노후에도 안심하고 살 수 있는 사회를 만들어 주었나요? 실력이 뛰어나다는 대학병원 의사가 암에 걸리지 않는 생활을 가르쳐 주었나요?

답은 '아니오'입니다. 때문에 제가 '아니오'라고 계속해서 말하는 것입니다.

편안한 죽음을 맞이할 수 있는 사람은 교육이라는 틀에서 벗어나 자신만의 즐거움을 누릴 줄 아는 사람입니다. 그리고 그간의 진료 경험에 비추어 볼 때, 남성보다 노년 여성이 더 즐겁고 유연한 삶의 태도를 자연스럽게 몸에 지니고 있는 경우가 많습니다.

다이어트는
뇌와 의욕까지 마르게 한다

 어쩌면 이 책의 독자도 나이를 먹으면 육류보다는 생선을 먹어야 한다고 생각할 수 있습니다. 그 이유가 과연 무엇일까요?

 바로 마른 몸매를 원하는 신앙 같은 것이 일본인 안에 뿌리 깊게 자리 잡고 있기 때문입니다. 하지만 말도 안 되는 착각입니다.

 실제로는 조금 통통한 사람이 건강하고 오래 살기 때문입니다.

 물론 마른 사람이 무조건 머리가 나쁘다는 말은 아니지만 통통한 사람이 머리 회전이 빠른 경우가 많습니다. 포도당이 고갈된 뇌보다 포도당이 풍부한 뇌의 활동이 좋다는 사실은 명백하기 때문입니다. 앞에서도 말했듯이 아침 식사를 거를 경우 아이의 성적이 떨어진다는 이야기는 잘 알려져 있습니다. 실제로 체형이 통통한 사람이 보다 활발한 지적 활동을 보이곤 합니다.

마를수록 아름답다는 믿음은 환상이며, 이는 '현대의 전족'이라 할 수 있습니다. 전족(纏足)은 과거 중국에서 행해졌던 풍습으로, 발이 작을수록 미인이라는 왜곡된 가치관을 주입해 민중들이 따르게 만든 것이었습니다. 어린 여자아이의 발에 천을 감아 발이 자라지 못하도록 했고, 그 결과 발은 심하게 일그러지고 달릴 수도 없게 되었습니다. 하지만 이것은 지배층의 그릇된 목적에서 비롯된 것으로, 거짓된 가르침을 통해 여성이 도망치지 못하게 하려는 수단이었습니다.

일본의 '마름 신앙'도 이와 유사합니다. 마르게 만들어서 활력을 빼앗고 여성이 사회에서 활약할 수 없게 만듭니다.

물론 이는 옳지 못하고 편향된 생각이지만, 현실에서 일본의 저출산은 도무지 멈출 기미가 보이지 않습니다. 마찬가지로 마른 몸매를 지향하는 한국도 같은 상황입니다.

지인 중에 일본 최고의 난임 명의라고 알려진 사람이 있습니다. 그 의사를 찾아 전국에서 많은 여성이 난임 치료를 받으러 오는데 열에 아홉은 젊었을 때 다이어트를 하던 사람이라고 합니다.

영양소가 부족했기 때문에 자궁이 자라지 않은 것입니다. 원래 성장기는 건강하게 살기 위한 몸을 만드는 시기입니다. 몸이 만족할만한 식사를 하지 않으면 건강한 몸도, 활력 넘치는 마음도 얻을 수 없다는 사실을 꼭 잊지 말기 바랍니다.

호빵맨 얼굴, 모두를 행복하게 하는 둥근 얼굴

 이는 젊은 여성에게만 국한된 이야기가 아닙니다. 일본인의 활력이 전체적으로 떨어진 배경에는 '마름 신앙'이 깊이 뿌리내리고 있습니다.

 마른 편이 아름답다는 가치관은 1960년대에 등장했습니다. 불과 60년밖에 지나지 않았으므로 지금이라면 아직 궤도를 수정할 수 있습니다. 과거처럼 혹은 미국과 유럽을 비롯한 다른 나라들처럼 통통하고 건강한 몸이 아름답다는 가치관으로 돌아가야 합니다. 국민의 건강을 책임지는 의사 중 한 사람으로서도 그렇게 되기를 간절히 바랍니다.

애당초 남성은 정말 마른 여자를 좋아할까요?

적어도 저는 그렇지 않습니다. 어느 정도 이상, 성숙한 인간으로서의 경험으로 보면 마른 여성은 영양 상태가 부족해서인지 짜증을 잘 낸다는 이미지가 있습니다. 반대로 푸근한 '정감 가는 어머니' 같은 사람과 있으면 편안해집니다. 푸근하다는 말은 '복스럽다'라는 의미이기도 합니다.

예를 들어 식사할 때 몸매를 신경 쓰느라 먹지 않는 사람보다 즐겁고 맛있게 먹는 사람과 함께 있어야 기분이 좋고 다음에도 같이 가고 싶습니다. 어디까지나 개인적인 취향일 수도 있지만요.

다만 아이가 '호빵맨' 같은 캐릭터에 자신도 모르게 빠져드는 이유는 둥근 얼굴이 안정감을 주기 때문이라는 설도 있습니다. 고개가 크게 끄덕여집니다. 그러니 적어도 노년 여성만큼은 '마름 신앙'의 속박에서 해방되길 바랍니다.

그리고 복스러운 모습으로 건강하고 오래오래 살길 바랍니다. 그러한 삶 자체가 젊은 세대의 본보기가 될 것입니다.

4장

설렘이야말로
아름다움과
장수의 묘약

The Wall at Age 80 for Women

젊음 되찾기,
특효약은 바로 연애입니다

생기 넘치고 건강하게 살고 싶을 때 가장 좋은 특효약은 바로 연애입니다.

호르몬이 젊어질 수 있기 때문입니다. 연애하면 성 호르몬(남성 호르몬과 여성 호르몬) 분비량이 늘어난다는 사실은 의학적으로도 밝혀졌습니다.

연애를 하면 외모에 신경 쓰게 됩니다. 정성들여 화장하고 멋을 내고 젊어지기 위해 보톡스 주사까지 맞기도 합니다. 인간이란 참으로 신비로워서 **외모가 젊어지면 몸과 마음까지 젊어집니다.** 우리의 뇌는 의외로 단순해서 거울에 비친 젊어진 모습을 보면 몸과 마음도 젊게 만들려고 합니다. 이를 통해 단순히 기분만 좋아지는 것이 아니라 전신의 세포까지 활성화됩니다.

더구나 연애는 그 자체만으로도 뇌에 효과가 있습니다. 연애를 하면 이전에는 미처 예상치도 못한 일들이 일어나는데 이것이 전두엽에 자극을 주기 때문입니다.

결혼에 대한 저의 생각은 그다지 일반적이지 않아 동의할 수 없는 부분이 많을 듯하지만 혹시 모르니 이야기해보겠습니다.

결혼하고 아이를 낳게 되면 그 아이가 성인이 될 때까지 부모의 책임이 생깁니다. 이 사실에 반론을 제기하는 사람은 거의 없을 것입니다. 하지만 아이가 성인이 되고 나면 (혹은 대학에 들어가거나 취직을 하면) 부모의 역할은 거기서 끝납니다. 즉 남편도 아내도 '부모'가 아니라 '남자와 여자'로 돌아가야 합니다. 그런 다음 **남편과 아내가 서로를 여전히 좋아하고 필요로 한다면 혼인 관계를 유지하고** 그렇지 않다면 헤어질 수밖에 없습니다.

아이가 성인이 되는 시점에서, 한 번쯤 부부의 형태를 점검해볼 필요가 있다는 말입니다.

성이야말로
노년의 여성일수록 원만하게

 앞서 말했듯이 연애를 하면 성 호르몬(남성 호르몬과 여성 호르몬)이 늘어납니다. 그중에서도 남성 호르몬이 가장 많이 늘어나는 활동이 바로 성생활입니다. 좋아하는 이성이 생기는 것만으로도 남성 호르몬은 증가하며 연애를 한다면 더욱 증가합니다. 특히 성관계를 가질 경우에는 폭발적으로 늘어납니다.

 여성은 **세상에 대한 체면과 자신의 도덕관에 따라 성적인 행동을 억제하기 쉬운데** 그렇게 되면 오히려 노화를 촉진하게 됩니다.

 성적인 활동이란 심리적인 부분도 포함됩니다.

한 번쯤 클럽에 가거나 좋아하는 연예인에게 푹 빠져보는 것도 좋습니다. 스포츠 클럽 강사에게 작은 호감을 느끼는 것도 멋진 일이겠네요. 전혀 부끄러운 일이 아닙니다.

오히려 노년의 여성은 남성 호르몬이 증가하므로 자연스럽게 연애 감정이 높아지고 성적인 욕구가 생깁니다.

병원에 갈 때도 화장하는 분이 많으실 겁니다. 의사의 마음을 끌려는 의도가 아니라 예쁘게 보이려는 마음이 성적인 활동의 기본입니다.

성적인 마음을 가졌다고 혹은 성적 활동을 했다고 상스럽게 생각할 필요가 없습니다. 누군가에게 상처 주는 일이 아니면서도 자신이 즐길 수 있는 범위라면 적극적으로 활동해야 합니다. 억제하는 순간 노화는 진행되니까요.

애초에 **일본인의 성도덕은 메이지 유신 이후 정립**되었습니다. 에도 시대에는 성에 더 개방적이었는데 메이지 유신 이후 기독교적인 성도덕에 얽매이게 되었습니다. 이제 과거로 돌아가야 할 때입니다. 왜냐하면 성생활은 자연스러운 일이기 때문입니다.

일본은 세계 최고 수준의 초고령 국가이면서도 고령자

의 성에 대한 인식은 매우 보수적인 편입니다. 여러 연구에서 성에 대한 개방이 고령자의 신체·정신 건강과 장수에 긍정적인 영향을 줄 수 있다고 보고되지만, 이러한 시각은 좀처럼 바뀌지 않고 있습니다. 고령자의 건강을 진지하게 생각한다면, '성'이라는 주제도 삶의 질을 높이는 중요한 요소로 포함할 필요가 있습니다.

얽매여 살기,
더 이상 그럴 시간은 없다

    시니어 여성 중에는 이성과 대화하는 일조차 죄책감을 느끼는 사람이 있습니다.

    식사 한번 하자는 이성의 권유에도 둘이서 식사하기를 꺼리고 몸을 사립니다. 남편 때문이겠지만 설령 **남자친구와의 식사조차 불만인 남편**이 있다면 오히려 더욱더 가야 합니다. 참는 동안 상황은 더 나빠지기 때문입니다. 남편의 체력과 지력이 점점 노쇠해진다면 괜히 더 얽매이게 됩니다.

    매력이 떨어져 가는 자신에게 얽매여 아내가 빛을 발하지 못하도록 하는 남편이 좋은 남편일까요? 그러다 시간이 지나 자신의 매력까지 사라질지도 모릅니다.

'연애는 젊음의 특효약'이라고 했는데 꼭 연애가 아니어도 됩니다. 동성이든 이성이든 누군가와 이야기를 나누고 누군가가 바라봐줌으로써 빛이 납니다.

남편과 가족을 배려해 자신을 위축시키는 일은 정말 안타깝기 그지없습니다. 재미있어 보이는 일은 더 많이 해야 합니다. 그러면 내면으로부터 풍요로워지고 점점 매력적으로 변합니다.

떠난 사람은
떠난 사람인 채로 지금을 살기

　안타깝지만 먼저 세상을 떠난 남편에게 마음을 쓰는 여성이 있습니다. 호감이 가는 남성이 있는데도 평생 남편밖에 없다며 완강한 태도를 보이곤 합니다.

　매우 실례되는 말이지만 저는 좀처럼 이해할 수 없습니다. 사람이 죽으면 육체는 사라집니다. 고인과의 추억은 마음속에 남습니다. 그 사람 덕분에 행복했다고 감사하는 마음이 오랫동안 남아있을 수도 있습니다.

　하지만 아무리 그렇다고 해도 세상을 떠난 사람에게까지 정조를 지킬 필요는 없습니다.

　남편은 세상을 떠났어도 아내는 살아있으니 자신의 삶

에 최선을 다해야 합니다. 살아있음을 즐겨야 합니다.

언제까지 즐길 수 있을지 아무도 모릅니다. 내년에는 어떻게 될지 모르는 일입니다. 내년은커녕 다음 달도 알 수 없습니다. 당장 내일도 모릅니다. 이것이 노년기의 특징입니다.

고령자에게 **가장 젊은 날은 바로 오늘**입니다. 오늘이 가장 건강하고 확실한 날입니다. 그러므로 지금 당장 행동합시다.

세상을 떠난 사람에게 마음을 쓸 여유가 없습니다. 남편에게 고마운 마음을 전하면서도 이제는 자신을 위해 살겠다는 마음으로 행동해야 합니다. 분명 한결 마음이 나아질 겁니다.

실제로 이를 실천해 본 환자에게 다음과 같은 말을 들었습니다.

"선생님, 이상하게도 죽은 남편 사진이 다르게 보여요. 왠지 더 온화한 느낌이랄까. 기분 탓이겠지만요."

저는 영혼이나 사후세계는 알지 못하므로 그저 "기분 탓이겠죠" 하고 웃어넘겼습니다.

하지만 뇌가 즐거움을 느끼면 컨디션이 좋아지고 행동도 활발해집니다. 그리고 면역력이 올라가고 질병에도 잘 걸리지 않습니다. 이는 의학적으로도 증명된 사실입니다.

설레는 마음,
그것은 신이 내려준 선물 같은 것

 연애나 성 이야기는 나와 관계가 없다고 생각하는 사람도 많을 것입니다. 고령 환자와 이야기해봐도 대부분 '연애는 무슨…'과 같은 반응뿐입니다.

 여기에서는 연애만이 아니라 '설렘'에 관한 이야기를 강조하고 싶습니다.

 가슴 설레는 삶을 산다는 것.

 무엇이든 상관없습니다.

 예전에 본 영화에 다시금 가슴 설레는 것도 좋습니다. 동경하는 스타에게 설렘을 느끼는 일도 멋집니다. 한류, 당연히 좋습니다. 콘서트에 가서 한껏 들뜬 채 즐긴다면 더할 나위 없이 좋습니다.

취미도 가슴을 뛰게 만듭니다. 골동품을 좋아하는 사람은 상점이나 골동품 시장에 가봅니다. 여행을 좋아한다면 아직 가보지 못한 명소를 찾아보거나 예전에 애인이나 남편과 함께 갔던 장소를 다시 찾아가 보는 건 어떨까요. 요리를 좋아한다면 새로운 장르에 도전해 보기 바랍니다. 먹고 싶은 음식을 먹으러 가고, 꼭 가보고 싶었지만 가지 못했던 옷가게에 갑니다.

청소나 정리를 잘한다면 구석구석 깨끗한 모습을 보며 설렙니다. 그러고 보니 《정리의 힘》이라는 베스트셀러도 있었지요. 방을 정돈할 때 '설레는지 설레지 않는지'로 판단한다는 내용이었습니다. 설렌다면 남겨둡니다. 설레지 않는다면 감사하며 버립니다. 노후에는 마음의 정리도 할 수 있고 유품 정리도 할 수 있으므로 두 마리 토끼를 잡는 셈입니다.

무엇에 설레든 상관없습니다. 물론 사랑도 그중 하나입니다.

여러분은 무엇에 가슴이 뛰나요? 어떤 설렘을 바라고

있나요?

이제 와서 무슨 설렘이냐며 모든 문을 걸어 잠그는 건 아닌가요?

무언가에 설레게 되면 가슴이 뛰고 두근거립니다. 어떻게 하면 잘할 수 있을지 고민합니다. 그리고 실제로 행동에 옮깁니다.

이 모든 것은 건강하고 오래 사는 데 긍정적인 영향을 줍니다. 그러니 우리 마음껏 설렙시다. 나는 무엇에 설레는지 스스로에게 물어보고, 만약 설레는 일이 있다면 주저하지 말고 한 걸음 내딛어보는 것입니다.

인기의 비결,
인기를 얻겠다는 마음가짐

설렘 외에 또 하나 중요한 것이 '인기'입니다.

앞서 세상의 눈을 신경 쓸 필요 없다고 했는데, 인기는 타인에 영합하는 것이 아닙니다. 타인의 마음에 들려고 노력하는 것이 아니라 자신의 매력을 높여 타인을 매료시키는 일입니다. 즉 수동적이 아니라 적극적으로 타인과 관계를 맺는 행위입니다.

인기는 이성에게만 얻는 것이 아닙니다. 동성에게도 충분히 인기 있을 수 있어요.

70세, 80세가 되어 많은 사람의 사랑을 받는 내 모습, 멋지지 않나요?

인기를 얻는 방법은 생각보다 많습니다. 설렘처럼, 그것도 스스로 만들 수 있는 것이니까요.

예를 들어 **다른 사람에게 친절하게 대하고, 화술을 연마하며, 요리를 배우는 등 자신이 좋아하는 것, 잘하는 것을 갈고닦는 방법**이 인기의 지름길입니다.

나이 든 아줌마가 무슨 인기를 바라냐고 말할 수도 있지만, 사실 인기를 얻고 싶은 마음은 누구에게나 있습니다. 누구나 사랑받고, 매력적으로 보이고 싶어 합니다.

그렇다면 한 번 시도해보는 겁니다. '나도 인기가 많았으면 좋겠다'는 마음으로, 그에 맞는 행동을 해보는 겁니다.

실제로, '인기를 얻고 싶다'는 생각을 품는 순간부터 모든 것이 시작됩니다.

재미없는 세상,
그럴수록 세상을 더욱 재미있게

'재미있는 일이라곤 없는 세상을 재미있게.'

이 시구는 에도 시대 말기의 사무라이, 정치가, 군사 지도자로 메이지 유신의 토대를 닦은 다카스기 신사쿠가 죽기 전 남겼다고 알려져 있습니다.

나이 드는 것은 오히려 인기를 얻을 수 있는 절호의 기회라고 할 수 있는데, 이는 나이가 들수록 외모보다 내면을 중시하게 되기 때문입니다. 젊었을 때는 아름다운 외모를 지닌 미인이나 스타일 좋은 사람이 인기가 많습니다. 하지만 노년에는 주름투성이에 피부도 처지므로 외모보다 역시 내면입니다.

환자를 진료하다 보면 이 사람은 인기가 많겠다 싶은 사람이 있습니다.

인간적인 매력이 있는 사람입니다. 구체적으로 말하면 자신만의 기개가 있고 자신을 갈고닦는 사람입니다.

영화 〈90 이어즈 올드-쏘왓?(90 Years Old – So What?)〉•이 큰 성공을 거두었다고 합니다. 원작인 사토 아이코의 에세이도 물론 훌륭하지만 영화의 성공은 역시 주연 배우인 구사부에 미쓰코의 힘이 컸습니다. 90세의 구사부에 배우가 **올곧은 성격의 사토 아이코를 역동적으로 재현해 냅니다**.

85세를 넘긴 지인 여성도 40년 만에 극장에 갔다며 재밌는 영화였다고 만족감을 드러냈습니다. 고령 세대를 움직이게 만든 매력을 구사부에 배우가 갖고 있었던 것입니다.

의외로 이 영화가 구사부에 배우에게는 첫 단독 주연이었다고 합니다.

• 테츠 마에다 감독의 2024년 작품으로 나이와 무관하게 삶의 의미를 재발견하는 여정을 따뜻하고 유머러스하게 그렸으며, 나오키상 수상 작가 사토 아이코의 동명 에세이가 원작이다_옮긴이

〈아사히신문 GLOBE+〉 인터뷰 기사에서 구사부에 배우가 남긴 멋진 말을 보았습니다.

"영화를 보러 오신 분들께 힘을 드리고 싶다며 마치 대단한 일인 양 말하고 싶지는 않아요. 저에게 그런 힘이 있을 리도 없고요. 다만 무엇이든 내가 즐거워야 합니다. 저의 장점은 뭐든 즐기는 데 있어요. 마음만은 젊답니다."

구사부에 배우가 지닌 내면의 에너지가 타인을 끌어들입니다. 그것이 동성이든 이성이든 인기를 얻는 비결임을 그녀 스스로가 증명했습니다.

나만의 방식,
실현하면 할수록 매력이 커진다

구사부에 배우처럼 사람을 끌어당기는 사람에게는 그들만의 미학이 있습니다.

나이를 먹어도 미모를 유지하는 사람을 떠올리면 이상하게도 **남녀의 성 경계가 모호한 사람들**이 생각나곤 합니다. 미와 아키히로•, 이케하타 신노스케••, 카르셀 마키•••,

---

- • 1935년생. 1950~1960년대부터 활동한 일본에서 가장 유명한 젠더리스 예술가_옮긴이
- •• 1952년생. 배우이자 가수, 무용가로 중성적인 외모와 여성스러운 퍼포먼스로 인기를 끌었다_옮긴이
- ••• 1942년생. 배우, 방송인이며 일본 최초로 성전환 수술을 한 성소수자 연예인 1세대 인물_옮긴이

조금 젊은 축에 들지만 마쓰코 디럭스*.

자신만의 미학에 따라 살고 있기에 이들은 아름답고 젊습니다. 미와 아키히로는 무려 89세입니다. 무엇보다 자신만의 삶의 방식을 올곧게 지켜왔기 때문에 언행이 가볍지 않습니다. 그래서 남녀노소를 불문하고 많은 사람이 이야기를 듣고 싶어 하는 것이겠지요.

특히 지금은 AI 시대이므로 지식과 교육은 더 이상 도움이 되지 않을 것입니다. 검색하면 무엇이든 가르쳐줍니다. 영어 단어를 필사적으로 외워보지만 번역 로봇은 순식간에 어려운 책 한 권을 번역해줍니다. 그렇기 때문에 더욱 자신만의 미학과 철학을 가진 삶의 방식과 경험이 중요합니다.

나이를 먹을수록 지향하는 모습을 마음에 새겨야 합니다. 젊은 시절에는 막연하게 원하는 모습을 떠올리지만 이제는 그런 여유를 가질 시간이 없습니다. 그러므로 자

---

* 1972년생. 방송인, 칼럼니스트로 커밍아웃 후 성 정체성에 대한 통렬한 사회비판으로 주목을 끌었으며 다양한 시사·생활 정보·정치 프로그램 진행자로 활동하고 있다_옮긴이

신이 지향하는 모습을 간절하게 그려야 합니다.

그런 관점에서 저 역시 언제나 재미있는 사람이고자 합니다. 상식만을 믿으면 재미있는 사람이 될 수 없으므로 내가 좋아하는 것을 행하고, 하고 싶은 말을 하며 살고 있습니다.

그래서인지 동료들에게도 많은 비난을 받습니다. 하지만 스스로 믿는 바를 말하는 것이라서 개의치 않습니다.

풍부한 경험,
돈으로 살 수 없는 보물 같은 것

　요시나가 사유리 배우는 누가 봐도 빛이 납니다. 20대부터 줄곧 국민 여배우로, 지금은 더욱 빛을 발하고 있습니다. 정말이지 특별한 존재입니다.

　하지만 세간에는 나이를 먹고 나서 갑자기 인기를 얻는 여성이 있습니다.

　젊은 시절의 인기와 50대, 60대 이후의 인기는 다릅니다.

　무엇이 다를까요?

　저는 '편안함'이라고 생각합니다. 심리학에서 남성은 궁극적으로 여성에게 어머니를 원한다고 합니다. 편안함을 원하는 것입니다.

긴자의 마마•를 예로 들어보겠습니다. 마마의 매력이라면 아름다운 미모는 물론이고 '경청의 힘'을 꼽을 수 있습니다. 다른 사람의 이야기를 들으며 한껏 칭찬하거나 부드럽게 나무라기도 하는 모습이 어딘가 어머니 같은 편안함을 줍니다. 그들과 대화하다 보면 어느새 위로를 받습니다. 마음이 한결 가벼워집니다.

왜 마마와 함께 있으면 편안할까요? 아마 인생 경험에서 오는 편안함일 것입니다.

아이를 키우기도 하고 돈에 쪼들려보기도 하고 누군가와 사랑을 나누고 배신하거나 배신을 당하기도 합니다. 다양한 인생 경험을 바탕으로 타인의 이야기에 공감합니다. 누구에게든, 어떤 상황에서든, 이해하고 고개를 끄덕이는 공감 능력이야말로 편안함을 자아냅니다.

노년의 여성은 경험이 풍부합니다. 때문에 누구라도 '인기녀'가 될 수 있는 요소를 갖고 있습니다.

• 도쿄 긴자에 있는 고급 클럽 여성 사장을 '마마(ママ)'라고 부른다_옮긴이

있는 그대로,
무리하지 않고 맞추지 않고

　많은 사람이 남자는 무조건 미인을 좋아하고 마른 여자를 선호하며 보다 젊은 여자에 끌린다고 착각합니다.
　확실히 젊은 남성은 외모를 중시하는 사람이 많을지도 모릅니다. 하지만 중장년층 남성의 대부분은 내면을 중시하는 사람이 많습니다. 이것은 틀림없는 사실입니다.
　저도 같은 생각입니다. 예를 들어, 어떤 여성과 식사를 하러 갔다고 가정해봅시다. 다이어트 중이라며 음식에 젓가락조차 들지 않는 날씬한 분과 함께 있으면 솔직히 즐겁지 않습니다.
　반면, 맛있다며 기분 좋게 잘 먹는 분과 함께라면 대화도 자연스럽게 이어지고 분위기도 훨씬 편안하고 즐겁습니다.

많은 중장년층은 이와 비슷한 생각일 것입니다. 에너지가 떨어진 노년에는 긴장되는 사람보다 부담스럽지 않고 유연한 사람에게 마음이 끌리는 법입니다.

'부담스럽지 않은 사람'은 어떤 사람일까요? 바로, 부담스럽지 않은 삶을 살아가는 사람입니다.

상대에게 억지로 맞추거나 스스로를 부정하지 않고, 언제나 자신을 인정하며 살아가는 사람이지요. 있는 그대로의 모습으로 존재하는 사람과 함께 있으면, 왠지 모르게 마음이 놓이고 편안해집니다.

푸근하다는 말,
고령 여성에게는 칭찬 같은 말

 '푸근하다'는 말은 노년을 행복하게 살아가는 데 있어 중요한 키워드입니다.

 성격이 밝고 푸근하며 애교가 있는 사람은 나이가 들어도 여전히 매력적으로 느껴집니다. 오랫동안 많은 고령자를 지켜본 입장에서 이는 분명히 체감되는 사실입니다.

 솔직히 말해, 주름이 깊고 허리가 굽은 여성에게 끌린다는 남성은 많지 않을 것입니다. 그런 의미에서 미용성형을 해서 코를 높이는 것보다 주름을 펴는 쪽이 낫습니다. 팔자주름을 없애는 성형은 쉽게 할 수 있기 때문입니다.

 언제나 젊음을 유지하고 싶어 하는 마음은 지극히 자연

스러운 일입니다.

"나는 미용 시술은 좀 부담스러워서…"라며 망설이기보다, 더 적극적인 마음으로 한 번쯤 도전해보는 것도 좋습니다.

꼭 미용 시술이 아니어도 괜찮습니다. 더 중요한 것은 화장을 하고 옷차림에 신경을 쓰는 등 스스로를 꾸준히 가꾸고자 하는 태도입니다.

지금까지 가족이나 다른 사람을 지나치리만큼 깊이 배려해 온 여성이라면 특히 '의식혁명'이라고 할 만큼의 강한 의지가 필요합니다. 그렇게라도 하지 않으면 계속 늙어가기만 할 뿐입니다. 오늘이라도 의식을 바꿔야 합니다. 자신을 갈고닦으며 살겠다고 마음을 굳게 먹어야 합니다. 이것만으로도 앞으로의 인생은 크게 달라질 수 있습니다.

조금 통통하게,
콜레스테롤은 낮추지 말고

 '푸근하다'라는 점에 하나 더 강조할 만한 포인트가 있습니다.

 앞에서 말한 것처럼 바로 '조금 통통한' 사람이 건강하고 오래 산다는 것입니다.

 이는 오랜 기간 수많은 고령자를 진료해 온 경험에서 비롯된 말일 뿐 아니라, 실제 조사 데이터로도 명확히 입증된 사실입니다.

 많은 사람이 콜레스테롤은 몸에 해롭다거나 요절의 원인이 된다고 착각합니다. 하지만 이는 '상식의 거짓'입니다. 왜냐하면 현실에서는 마른 사람이 암에 걸리거나 요절하는 경우도 있기 때문입니다.

콜레스테롤 수치가 높으면 심근경색이나 뇌경색에 걸리기 쉽다는 의학의 정설도 현재는 바꾸려는 의사가 늘고 있습니다. 실제로 콜레스테롤 수치를 내리자 심근경색인 사람이 늘었다는 실태조사도 있었습니다.

콜레스테롤은 몸을 구성하는 중요한 요소입니다. 근육과 혈관, 내장 등의 원료가 되기 때문입니다. 면역력과 몸을 유지하는 대사에도 중요한 관련이 있습니다. 즉 콜레스테롤이 부족하면 몸이 약해집니다.

게다가 고령이 되면 몸속의 콜레스테롤을 만드는 능력이 떨어집니다. 결국 콜레스테롤이 부족한 상태가 되는데, 고령자의 피부가 건조하거나 근력이 떨어지는 것도 이러한 콜레스테롤 부족이 원인 중 하나입니다. 부족한 콜레스테롤을 보충하려면 식사로 섭취할 수밖에 없습니다.

콜레스테롤이 줄어들면 마르고 노쇠합니다. 반대로 콜레스테롤이 늘어나면 건강하고 오래 삽니다.

그렇다면 어느 쪽을 선택해야 할까요? 조금 통통하더라도 건강하고 오래 사는 것이 정답입니다.

인간은 모두
세상을 떠날 때는 혼자인 법

　많은 고령자를 보면서 든 생각은 인간은 모두 궁극적으로는 혼자라는 것입니다.
　저희 어머니는 자신만의 삶을 사는 분인데 때때로 이런 말씀을 하셨습니다.
　"온갖 정성을 들여 아이를 키워도 결국 마지막은 고독한 거야."
　어머니는 주변에 모이는 사람이 없고 친구도 만들지 않았습니다. 하지만 비참한 말로라고는 생각하지 않습니다. 아들인 저와 동생에게 기대려고도 하지 않아 쓸쓸해 보이기는 했지만 결코 비참하지는 않습니다.

즉 세상이 말하듯 고독이 곧 슬픔은 아닙니다.

결국 우리는 모두 자신을 위해 살고 있기 때문입니다.

아주 드물게 "너를 위해서라면 목숨도 내놓겠다"라고 말하는 사람이 있을 수 있습니다. 하지만 그런 사람은 말 그대로 기적 같은 존재입니다. 대개는 아무리 내가 애쓰고 노력해도, 상대가 그만큼 강하게 반응해 주는 일은 거의 없습니다. 그게 현실입니다.

그런데도 기적이 일어나기만을 바란다면 문제입니다. 내가 상대방에게 최선을 다하면 상대방도 나에게 최선을 다해주겠지 생각합니다. 여기에 비극의 원인이 있습니다.

기대하면 할수록 배신당했다는 마음이 커져 슬픔에 빠지고 위축되어 갑니다. 특히 고령자에게 이것은 비극입니다. 마음이 위축되면 몸의 건강도 뺏깁니다.

하지만 내가 좋아서 최선을 다한 거니까 그걸로 됐다고, 상대방은 상대방 방식으로 자유롭게 사는 것이라고 결론 지으면 마음이 개운해집니다.

그리고 이러한 마음가짐이 결과적으로 심신의 건강으로 이어집니다.

5장

어차피 남편은
남의 편

위축된 남편,
신경 쓰지 말고 기분전환을

　여성 환자들은 종종 기운이 없고 초라해진 남편 흉을 보기도 합니다.

　"도무지 밖에 안 나가요. 나한테는 어딜 가냐, 누굴 만나냐 하고 끈질기게 물어보면서요. 어떻게 하면 좋을까요. 그렇다고 같이 나가기는 싫어요."

　비슷한 상황에 처한 여성이라면 대부분 공감할 수 있는 이야기일 것입니다.

　만약 점점 움츠러드는 남편을 마지막까지 지켜주려는 마음이, 일종의 모성본능이 강한 아내라면 함께 있어주어도 되겠지요. 하지만 결국에는 짜증이 밀려오고 맙니다.

자신의 삶이 방해받기 때문입니다.

이러쿵저러쿵 간섭하고 항상 옆에 딱 달라붙는 남편을 보며 날 좀 내버려 두라는 말이 절로 나옵니다. 소위 '황혼이혼'을 권장하는 것은 아니지만 최악의 경우 이혼이라는 방법을 생각할 필요도 있습니다. 다른 선택지가 있다는 생각만으로도 마음에 여유가 생기기 때문입니다.

죽을 때까지 옆에 있어야 한다는 '강박적 사고'는 자신을 옭아매기 때문에 점점 숨이 막혀 옵니다. 갈 곳을 잃은 마음은 작은 일에 폭발하거나 뚝 부러지기 쉽습니다. 이는 남녀노소를 불문하고 겪을 수 있는 일입니다. 고령자 전문 정신건강의학과 의사로서 이러한 사람을 많이 봐왔습니다.

다른 선택지를 두어 마음속에 '도망칠 곳'을 마련해 두는 것이 정신을 건강하게 유지하는 지극히 효과적인 방법입니다.

지금은 연금 분할도 가능하고, 이혼할 경우 별다른 문제가 없다면 재산도 절반씩 나눕니다.

70대라도 할 수 있는 일은 많습니다. 특히 여성은 집안일과 사교성이 뛰어나므로 직종도 넓습니다. 간호 분야에서 일하는 사람도 늘어났습니다.

다시 말해 '마음의 소리에 따라 살기 위한 선택지'는 얼마든지 넓힐 수 있습니다.

더 이상 나는
남편의 엄마로 살지 않아

  사람과 사람의 거리는 가까워야만 좋은 것이 아닙니다. 그렇다고 일부러 멀어질 필요도 없습니다. 우리 모두에게는 적당한 거리가 있습니다.

  적당한 거리에서는 상대방의 좋은 부분도 나쁜 부분도 보입니다. 적당한 거리라면 나의 생각을 상대방에게 전할 수도 있습니다. 이러한 부분은 좋지 않은 것 같다고 말입니다.

  오랫동안 부부로 지내면 적당한 거리감이 모호해집니다. 너무 가까워져서 갑갑해지고 너무 멀어져서 상대방의 장점을 볼 수 없습니다.

여러분은 어떤가요. 남편과는 지금 적당한 거리를 유지하고 있나요?

아마도 잘 모르겠다는 사람이 많을 것입니다.

그럼 질문을 바꿔보겠습니다.

남편에게 당신은 '엄마' 같은 존재인가요?

만약 그런 것 같다는 생각이 든다면 이는 남편과의 거리가 지나치게 가까운 상태를 의미합니다.

남편이 직장에 가고 집에 있는 시간이 적을 때는 거리가 가까워도 그런대로 견뎌낼 수 있습니다. 하지만 정년을 맞이하고 내내 집에 함께 있게 되면 문제가 발생합니다.

나이 들고 무력해진 남편에게 아내는 사실상 '엄마'라는 존재에 가깝기 때문에 무엇을 하든 아이가 엄마에게 하는 것처럼 졸졸 따라다닙니다. 물론 실제로 따라다니는 것이 아니라 정신적으로 그렇다는 말입니다. 부모에게서 온전히 독립하지 못한 아이처럼 되는 것입니다.

예를 들어, 아내가 외출을 하면 남편은 괜히 기분이 언짢아집니다. 어디에 가는지, 누구를 만나는지, 몇 시에 돌아오는지를 쉴 새 없이 묻는 것도 그 때문입니다. 마치 어린아이가 엄마를 졸졸 따라다니며 떨어지지 못하는 모습과 비슷한 상황인 셈입니다.

아내도 귀찮고 답답하다고 말하고 싶지만, 현실적으로는 쉽지 않습니다. 게다가 노후에는 남편의 체력도 지력도 점점 떨어지기 때문에, 아내에 대한 의존은 더욱 심해질 수밖에 없습니다.

자립한 남편으로
만들고 싶다면 보살피지 마라

 엄마처럼 잘 따라줘서 고맙다는 마음이 든다면 그것으로 충분합니다. 하지만 자신에게 의존하는 것이 도무지 견딜 수 없다면 결코 남편을 아이처럼 다루면 안 됩니다.

 남편이 난처할까 봐 먼저 챙겨주거나 부탁을 척척 들어주는 '다정한 엄마' 역할을 할 필요는 없습니다. 오히려 그렇게 할수록 남편의 의존은 더 깊어지고, 결국 아내는 자립하기 어려워집니다. 아내뿐 아니라 **남편 역시 홀로 설 기회를 잃게 됩니다.**

 서로가 의지하는 관계라면 괜찮습니다. 하지만 한쪽이 더 많이 의존한다면 다른 한쪽은 받아줄 여력이 없어져서 결국엔 둘 다 쓰러지게 됩니다.

둘 다 무너지지 않도록 미리 예방하려면 '다정한 엄마' 노릇을 그만두어야 합니다. 마음을 굳게 먹고 조금은 '쌀쌀맞은 엄마'가 되어야 합니다.

방법은 아주 쉽습니다. 스스로 하라고 말만 하면 됩니다. 오늘 점심은 직접 차려서 먹으라는 말을 남기고 그냥 외출하는 것입니다. 이 방법이 어렵다면 지나친 의존으로 인해 둘 다 무너지는 길을 걷게 됩니다. 혹은 아내가 끝내 자립하지 못한 채 '다정한 엄마'로만 남게 됩니다.

자신의 행복을 위한 삶은 여기에서 판가름 납니다. 굳이 독하게 굴 필요는 없습니다. 할 수 있는 일은 스스로 하라는 당연한 말을 하는 것입니다.

노후를 건강하고 즐겁게 보내고 싶다면, 때로는 과감한 결단이 필요합니다. 만에 하나 아내가 먼저 세상을 떠난다면, 아무것도 할 줄 모르는 남편을 남겨두고 떠나는 아내의 마음은 얼마나 무겁고 안타깝겠습니까. 깊은 회한과 미련이 남을 수밖에 없겠지요. 결국 이 일은 아내를 위한 선택이자, 남편 자신을 위한 준비이기도 합니다.

외출만으로
은퇴남편증후군을 예방한다

 노후에 부부의 골이 깊어지는 일은 어찌 보면 생리학적으로 당연할 수도 있습니다.

 그 이유 중 하나는 앞서 말한 남편의 남성 호르몬이 줄어들기 때문입니다.

 남성 호르몬이 줄어들면서 의욕이 저하되거나 누군가를 만나는 일도 귀찮아집니다. 노년에는 가뜩이나 사고와 의욕을 관장하는 뇌의 전두엽이 위축되는데 의욕이 떨어지면 뇌의 활동이 더욱 나빠집니다.

 한편 아내는 갱년기가 끝날 무렵부터 남성 호르몬이 증가합니다. 의욕도 넘치고 활동적으로 변합니다. 그러면 뇌도 활발하게 움직이므로 노년에 흔히 나타나는 전두엽 위축에도 대비할 수 있습니다. 즉 남성은 내성적으로, 여성은 외향적으로 바뀌는 것입니다. 이를 그대로 두면 부부의 골은 깊어집니다.

'은퇴남편증후군'이라는 말이 있습니다.

남편의 말과 행동으로 스트레스를 받아 아내가 병에 걸리는 것을 말합니다.

주요 증상은 어지러움과 불면증, 가슴 두근거림, 이명, 식욕부진과 같은 심신의 이상증세인데 이로 인해 우울증에 걸리는 사람도 있습니다. 갱년기 외래를 개설한 고(故) 이시쿠라 후미노부 의사는 이를 '부원병(夫源病)'이라고 이름 붙였습니다.

남편에 대한 스트레스가 원인으로 병이 생긴다니, 이해가 잘 안될 수도 있겠지만 정말 병에 걸리는 사람이 있습니다. 실제로 남편이 정년퇴직 후 집에 있게 되면서 증상이 나타나기 시작한 아내가 많습니다.

평소 활발하고 밝은 성격의 아내였지만 남편의 퇴직을 계기로 이와 같은 병에 시달리기 시작하는 사례는 적지 않습니다. 이 책을 보고 있는 여러분 누구나 '은퇴남편증후군' 때문에 고통을 겪을 수 있다는 말입니다.

남성 호르몬이 줄고 전두엽이 위축되면서, 불안감에 아내를 지나치게 옭아매는 남편들이 있습니다. 단순히 아내를 엄마처럼 따라다니는 수준을 넘어, 치료가 필요한 질환으로 발전하는 경우도 적지 않습니다.

반대로, 그런 남편에게 얽매여 외출조차 자유롭게 못 하는 아내는 점점 극심한 스트레스에 시달리게 됩니다. 결국 몸과 마음이 한계에 다다라 고통을 호소하게 되지요.

이런 상황을 예방하기 위해서라도, 부부는 서로의 삶에서 독립적일 필요가 있습니다. 자립은 곧 서로를 지키는 길입니다.

나도 모르게
은퇴남편증후군 중증일지도

   은퇴남편증후군은 작은 스트레스가 쌓이고 쌓여 나타나는 심신의 이상증세입니다. 즉 누구나 걸릴 수 있는 병입니다. 나는 괜찮다고 말하는 사람도, 조금 걱정이 된다는 사람도 만일의 경우를 대비하여 다음 10가지 '체크리스트' 항목을 살펴보기 바랍니다.

   ☐ 감정을 별로 드러내지 않는다
   ☐ '좋은 아내', '좋은 엄마'이고 싶다
   ☐ 평소 가족들의 건강을 챙긴다
   ☐ 남의 눈을 의식하는 편이다

☐ 잘 참는다

☐ 밖에 나가는 것보다 집에 있는 편이 좋다

☐ 남에게 부탁을 잘 못한다

☐ 일을 대충 하지 못한다

☐ 집안일에 집착한다

☐ 속내를 말하지 못한다

어떤가요? 3개 이상 해당한다면 '은퇴남편증후군'에 걸리기 쉽다고 할 수 있습니다.

매우 성실한데다 주변 사람들로부터 똑 부러진 사람이라는 말을 듣는 편입니다. 물론 칭찬입니다. 하지만 반면 '강박적 사고'가 강한 사람이라고도 할 수 있습니다. 그리고 '강박적 사고'가 강한 사람일수록 생각대로 되지 않으면 정신적으로 불안정해지거나 움츠러듭니다.

나이를 먹으면 먹을수록 체력이 떨어지고 생각대로 되지 않는 일도 늘어납니다. 또 남편이 줄곧 집에 있다는 스트레스에 휩싸이기도 합니다. 이렇게 과거에는 없던 스트레스가 쌓여 몸과 마음에 해를 입힙니다.

가까운 거리, 부부를 망치는 지름길

혹시 이 책을 읽는 분이 남성이라면, 앞서 소개한 '체크리스트'를 아내의 입장에서 상상하며 점검해 보시길 권합니다. 예를 들어 아내가 세 가지 항목에 해당된다면, 이제부터라도 아내를 억압하지 않도록 조심해야 합니다.

노년기에 부부간 거리가 지나치게 가까우면 오히려 부정적으로 작용하는 경우가 많습니다.

정신건강의학과 의사로서 저는 일본의 정신과 의사 모리타 마사타케가 창안한 심리치료법, '모리타 치료'*를 오

---

* 1919년 일본의 정신과 의사 모리타 마사타케가 불안장애와 강박증 등을 다루기 위해 창안한 심리치료법_옮긴이

랫동안 배워왔습니다. 이 치료법의 핵심 개념 중 하나는 다음과 같습니다.

가족이나 부모 자식 간의 관계에서 문제가 발생하는 가장 큰 원인은 바로 '구속'입니다.

상대방을 지나치게 신경 쓰면 그 사람 역시 나를 의식하게 되고, 결국 서로가 서로를 얽매게 됩니다. 그 결과, 관계는 점점 숨이 막히는 방향으로 흐르게 됩니다.

남이라면 적정한 거리를 두거나 멀어지기도 하지만 가족과 부모 자식은 그럴 수 없습니다. 가까운 사이라서 멀어지지 못한 채 숨이 점점 턱턱 막히다 정신적으로 문제가 발생합니다.

관계가 너무 가까우면 서로의 존재가 커져 피할 수 없게 됩니다. 서로 속박하게 되는 것입니다. 상대방의 보기 싫은 부분도 필요 이상으로 크게 보입니다. 그러면 좋은 점까지도 나쁘게 보이거나 작은 결점까지도 신경에 거슬리게 됩니다. 그렇게 점점 미움이 쌓입니다.

남편이 회사에 다니던 때에는 물리적인 거리를 유지할 수 있었습니다. 그래서 나쁜 점도 눈감아 줄 수 있었지만,

온종일 집에 있게 되면 거리가 너무 가까워져 신경이 쓰이고 결국 참을 수 없게 됩니다.

상대방의 나쁜 점이 자꾸 눈에 들어온다면 거리가 너무 가깝지는 않은지 먼저 생각해 봐야 합니다. 너무 가까운 거리를 자각하는 것이 관계 회복의 첫걸음입니다. 그러고 난 다음 의식적으로 점점 거리를 둡니다.

멀어지기는 어렵지 않습니다. 친구와 식사를 하러 나가거나 혼자서 외출을 하는 등 물리적으로 거리를 두면 됩니다. 나에게서 남편을 떨어뜨려 놓는 것이 중요합니다.

결혼의 거리,
가깝지도 멀지도 않은 거리

 너무 가까운 사이는 부담스럽고, 그렇다고 황혼이혼으로 완전히 멀어지는 것은 선뜻 내키지 않고….

 이런 고민에 쌓여 있는 여성들이 적지 않을 것입니다. 그래서 가깝지도 멀지도 않은 결혼을 권장합니다. 남편과 아내라는 관계를 유지하면서 서로를 동거인으로 생각하는, 심리적인 거리를 만드는 것입니다.

 가깝지도 멀지도 않은 결혼의 형태는 부부마다 다릅니다. 핵심은 미리 일정한 규칙을 정하고 규칙 외에는 자유롭게 지내는 것입니다.

 예를 들어 저의 어떤 환자 부부는 다음과 같은 규칙을

정했습니다.

- 아침과 점심은 각자 준비해서 먹는다. 저녁은 기본적으로 당번을 정한다.
- 저녁 식사를 할 때 필요한 정보는 공유한다.
- 빨래는 당번을 정한다.
- 집의 공유 공간 청소는 당번을 정한다. 각자의 방은 스스로 청소한다.
- 외박이 아닌 외출은 자유롭게 한다. 외박 시에는 미리 알려준다.
- 외출 시 누구와 만나는지 등 불필요한 질문은 하지 않는다.

물론 식사만큼은 아내가 만든다는 규칙을 만들어도 됩니다. 다만 의무가 아니라 남편이 요리를 못해서 맛없는 요리를 먹기 싫다는 식의 긍정적인 이유가 필요합니다.

이러한 규칙을 만들고 물리적인 거리를 유지한다면 자연스럽게 심리적인 거리감이 생기고 스트레스가 줄어듭니다. 이처럼 부부가 서로 자립하면 각자를 존중하게 됩니다.

중요한 점은 서로가 이를 받아들이는 자세입니다. 아내가 일방적으로 오늘부터 가깝지도 멀지도 않은 결혼생활을 하겠다고 선언해서 남편과 거리를 두기 시작하면 남편은 큰 스트레스를 받게 됩니다. 그리고 이것이 병으로 이어지기도 합니다.

멀어지는 시간을 조금씩 늘려가면서 혼자만의 시간이 필요함을 이해하고 가깝지도 멀지도 않은 결혼을 제안해야 합니다.

만약 그러기 싫다며 아내 없이 못 산다는 남편이 있다면 꼭 원하는 규칙 하나 정도는 양보를 이끌어냅니다. 물리적, 심리적인 거리를 둠으로써 서로의 마음에 여유를 갖는 것이 중요합니다.

성 이야기,
진심을 터놓고 다가가기

❶ 결혼생활을 타성으로 이어가며 참고 살 것인가
❷ 새로운 연애의 가능성을 인정하며 나답게 살 것인가

어느 쪽이 좋은가요? 정신의학적으로는 ❷번이 좋습니다.

단, 결혼생활을 끝내기란 쉬운 일이 아닙니다. 정신적인 부담이 있는데다 앞으로의 생활비, 남은 주택담보대출금 처리, 재산 분할 등 많은 문제가 산적해 있습니다. 그래서 대부분 참고 견디면서 결혼생활을 이어갑니다.

이런 조사 결과가 있습니다. '일본 중장년층의 70%는 성생활이 없다'는 것입니다.

이 숫자를 보면 비정상적이라는 생각이 들 수 있습니다. 많은 이들이 원해도 할 수 없는, 어쩔 수 없이 참고 있는 상태이기 때문입니다.

이는 결코 건강한 삶이라 할 수 없습니다. 실제로 성행위 횟수가 적을수록 전립선암에 걸릴 위험이 높고, 뇌졸중에도 더 쉽게 노출된다는 연구 결과가 있을 정도입니다.

부부생활을 행복하게 만들기 위해서라면 결코 성적인 생활을 피해서는 안 됩니다. 그러나 많은 사람이 이를 일종의 금기처럼 여기고 살아갑니다. 성관계에 대한 말을 꺼내지도 않고 그저 하고 싶지 않다거나 하고 싶다는 의사를 일방적으로 밀어붙입니다. 이는 더 이상 건전한 부부관계라고 할 수 없습니다.

부부 사이에서 아내와 남편이 서로 완벽하게 인정할 만한 관계를 만들기란 여간 어려운 일이 아닙니다. 하지만 피하지 말고 이야기를 나누어야 합니다. 성생활 없는 결혼생활은 괴로운 일이기 때문입니다.

거절당하는 쪽은 매일 밤 미움받는다고 생각합니다. 거절하는 쪽도 싫다는데 밀어붙이는 상대방을 책망하거나 받아들이지 못하는 자신을 자책합니다. 즉 서로 상처를 주는 것입니다.

정말 불행한 일입니다. 그러므로 더 이상 서로를 상처입히지 않기 위해서라도 이야기를 나눠야 합니다.

성에 대해 속마음을 털어놓으면 서로가 무엇을 바라는지, 무엇을 힘들어하는지도 알 수 있습니다. 서로 다가갈 수 있다면 새로운 부부관계가 형성될 것입니다.

노년의 자세,
겉모습보다는 삶의 방식

　인생 2부제가 사회에 스며들고 아이도 다 컸으니 일단 결혼생활을 다시 생각하겠다는 사람이 늘어나면 어떤 변화가 일어날까요? 자신을 갈고닦는 매력적인 중장년층이 늘어날 것입니다.

　그 결과 부부 사이도 좋아지겠지요. 서로를 어루만지고 존중합니다. '좋은 여자', '좋은 남자'로 남기 위해 노력합니다.

　매력적인 남녀가 늘어나면 **노년의 연애도 늘어납니다**. 나이가 몇 살이든 연애를 원하는 마음은 사라지지 않으니까요. 연애 감정을 애써 억누를 필요는 없습니다.

저는 고령자 의료를 전문으로 하면서, 동시에 고령자 삶 전반에 대한 전문가이기도 합니다. 다양한 환자들을 접하다 보면 오히려 제가 더 많이 배우게 됩니다.

예를 들어, 80세를 넘어서도 여전히 인기 있는 여성들이 있습니다. 그런 분들은 대부분 80세가 되어서 갑자기 주목받게 된 것이 아니라, 60~70대부터 이미 사람들과 잘 어울리고 매력적인 삶을 지향해온 분들입니다.

결국 '인기'란 타고나는 소질이 아니라 평소 어떻게 살아왔는지가 만들어내는 결과입니다.

물론 젊을 때는 외모나 스타일처럼 선천적인 요소가 크게 작용합니다. 하지만 노후에 인기가 많은 사람은 그 이유의 90%가 삶의 방식에 있습니다.

떠나간 사랑,
이제 남은 것은 혼자만의 삶

　어느 세대든 가족이 있습니다. 아내가 먼저 세상을 떠난 뒤 홀로 남겨질 남편을 걱정하며 주저할 수도 있습니다. 하지만 **일찍 세상을 떠났다면 떠난 대로, 남은 사람에게는 또 다른 삶이 기다리고 있습니다.**

　천국에 있는 사람은 더 이상 어떤 선택도 할 수 없습니다. 안타깝지만, 세상을 떠난 뒤에는 아무것도 알 수 없는 법입니다. 물론 '영혼은 영원히 남는다'고 말할 수도 있지만, 그것이 사실인지 확신할 수 있는 사람은 아무도 없습니다.

　세상을 떠난 이를 배려해 재혼을 망설이는 분들도 있지

만, 결국 남은 사람은 자신의 다음 인생을 향해 걸어가야 합니다. 사람은 누구나 언젠가는 죽기 때문입니다. 그렇기에 살아 있는 지금, 자신의 삶을 살아야 합니다.

남편을 먼저 떠나보낸 아내도 어차피 언젠가 떠납니다. 그렇다면 배려할 필요도 주저할 필요도 없습니다. 원하는 대로 살면 됩니다.

이런 생각은 자신이 먼저 떠나고 남은 사람에 대한 걱정을 없애줍니다.

물론 아이가 어리다면 이야기는 달라지겠지요. 하지만 자식이 성인이라면 자신의 인생을 살아야 합니다. 지금까지 가족을 위해 많은 것을 참고 노력해 왔으니까요.

다시 한번 강조하지만 80부터의 인생은 자신을 위해 살아야 합니다.

혼자만의 삶,
자유롭게 멋대로 구가하기

　고령 여성들을 보다 보면 그 활기와 능력에 감탄할 때가 많습니다.

　스마트폰을 켜자마자 능숙하게 채팅 메신저를 사용하고, 대화를 나누며 '친구 추가'도 척척 해냅니다. 사교성만큼은 젊은이들 못지않게 뛰어납니다.

　한편 남성은 컴퓨터는 잘 다루지만 스마트폰을 어려워하는 사람이 많습니다. 실패를 두려워해서 그런지 새로운 것에는 손을 대지 않습니다. 설명서를 읽는 것도 귀찮아하고 다른 사람에게 사용법을 묻지도 못합니다. 하지만 여성은 거리낌 없이 어떻게 사용하느냐며 세세하게 이것저

것 물어봅니다.

물론 개인차는 있겠지만 전반적으로 밖으로 나가고 싶은 여성과 집에만 있으려는 남성의 경향이 두드러집니다.

제2장에서 남성은 혼자가 되면 자식들이 돌보는 경우가 많다고 했는데 여기에는 사교성과 큰 관련이 있습니다.

여성은 혼자 살아도 외출을 자주 합니다. 자신의 속도에 맞춰 여유롭게 시간을 보내고, 친구들과 수다를 떨거나 맛있는 음식을 즐기며 삶을 꾸려갑니다. 그래서 자녀들도 '엄마는 잘 지내실 거야' 하고 안심하게 되지요.

반면, 남성은 집에 틀어박혀 지내는 경우가 많아 자녀들이 걱정 끝에 함께 살기를 제안하는 일이 흔합니다. 하지만 그렇게 되면 남성은 점점 자신의 세계에 갇히고 위축되어 가는 경향이 있습니다.

남성과 여성의 평균 수명이 큰 차이를 보이는 이유 중 하나는 바로 이 '사교성'의 차이에서 비롯된다고 볼 수 있습니다.

6장

좋은 사람보다 좋은 여자로 죽고 싶다

The Wall at Age 80 for Women

세상 떠난 후
세간의 평가는 알 수 없는 법

　주변에 입버릇처럼 종종 하는 말이지만, 제가 세상을 떠난 뒤에는 굳이 장례식을 치르지 않아도 되고 묘지도 필요 없습니다. 다들 바쁜데 장례식에 참석하고, 성묘까지 부탁하는 건 미안한 일입니다.

　물론 이런 생각을 하는 사람이 많지는 않을 겁니다. 이해하지 못한다 해도 어쩔 수 없지요. 괜찮습니다. 정말 괜찮습니다.

　많은 사람이 다른 사람의 시선을 지나치게 의식하며 살아가는 것 같습니다. 성대한 장례식을 원하게 되는 것도 결국 주변의 눈치를 보려는 마음 때문일 것입니다.

편안한 죽음조차도 스스로 느끼는 편안함이 아니라 다른 사람의 시선 속에서 생각하다 보니, 진정한 편안함을 잃는 경우가 많습니다.

노후에 타인의 눈을 지나치게 의식하면 몸도 마음도 더 힘들어지는 이유가 여기에 있습니다.

사실 세상을 떠난 뒤 남아있는 사람들이 '멋진 할머니였다'고 기억해 준다면 좋겠지요. 하지만 그때 여러분은 이미 세상을 떠나 기뻐할 수도 없습니다.

애초에 남의 말을 의식하며 사는 삶은 회사와 같은 조직에 속해 있을 때와 다르지 않습니다. 겨우 일에서 해방되고, 육아도 끝내고, 자신이 원하는 대로 살 수 있는 시간을 얻었는데, 그런 순간까지도 남의 눈치를 본다는 건 참으로 안타까운 일입니다.

'좋은 사람'이 되려고 하면 삶이 힘들어집니다.

그 대신 '재미있는 사람'이라는 평가는 어떨까요? 스스로 원하는 삶을 살다가 떠난 후, 세상 사람들이 '참 재미있게 살던 할머니'라고 기억해 준다면 정말 멋진 일일 것입니다.

별난 사람이었다는 말을 들으면 좀 어떻습니까. 자신이 즐거웠다면 그만입니다. 남에게 폐를 끼치는 행동은 탐탁지 않지만 자신이 즐길 수 있는 범위 내라면 문제없습니다. 세상을 떠나고 난 뒤에는 아무 말도 들리지 않습니다. 그러므로 남의 평가에 얽매이지 말고 스스로 만족할 만한 삶을 살아야 합니다.

죽어서까지
살아있는 사람을 얽매지 말 것

　세상의 '상식'과 거기에서 파생된 고정관념이 때로는 행복과 불행을 가르는 원인이 되기도 합니다.

　예를 들어, 묘지에 대한 집착도 그중 하나입니다.

　대부분의 사람들은 기일, 추석, 또는 일본의 오히간[•] 무렵에 선조를 공경하고 고인을 추모하기 위해 성묘를 합니다.

　이를 염두에 두고 생전에 거액을 들여 묘지를 마련하거나, 자녀에게 묘를 세워달라며 수천만 원을 남기는 이들

• 춘분과 추분을 사이에 두고 전후 3일간씩, 선조를 공경하여 돌아가신 분들을 추모한다_옮긴이

도 적지 않습니다. 그리고 이 묘지를 만드는 행위에는 죽은 후 가족들이 성묘를 오길 바라는 마음이 담겨있습니다.

물론 이것이 잘못된 일은 아닙니다. 세상을 떠난 선조에게 예를 갖추는 일은 오랜 세월 동안 다양한 민족에게서 이어져 온 전통이며, 죽은 뒤에도 잊히지 않기를 바라는 마음 역시 충분히 이해할 수 있습니다.

하지만 저는 이에 반대합니다. 다소 냉정하게 들릴 수 있지만, 이는 자손을 얽매는 족쇄가 될 수 있기 때문입니다. 지금처럼 저출산이 심각한 시대에, 100년 후에는 제 직계 자손이 남아있을지조차도 알 수 없는 일입니다.

설령 자손이 있다고 해도 성묘를 하러 올 것이라는 보장은 없습니다. 무엇보다 자식이나 손자 등 다음 세대에게 묘를 지켜달라고 요구하는 것 같아 미안한 마음이 듭니다. 저는 죽은 사람을 위해 살아 있는 자손의 삶을 구속하는 일은 바라지 않습니다.

물론 이 생각이 반드시 옳다고 단정할 수는 없습니다. 하지만 사후의 일은 아무도 알 수 없다고 생각하면 오히려 마음이 편해지기도 합니다.

'떠난 뒤에는 모든 관계가 끝난다'고 생각하니, 딸과 손자에 대한 걱정도 자연스럽게 사라졌습니다. 재산을 꼭 물려줘야 한다는 부담도 없으니 그만큼 자유롭게 살 수 있고, 하고 싶은 일에 돈을 쓸 수도 있습니다.

사실 이렇게 말하긴 해도 저 역시 선조들께 감사한 마음을 가지고 있고, 명절이면 두 손 모아 존경을 표합니다. 하지만 그건 스스로 원해서 하는 일이지 누구에게 강요받은 것이 아닙니다. 저에게는 그 정도면 충분합니다.

하고 싶은 것,
지금 안 하면 언제 하나

 참지 말고 원하는 대로 살면 된다고 환자에게 종종 말하는데, 대부분 그렇게 할 수만 있다면 이렇게 힘들지는 않을 것이라는 답이 돌아옵니다.

 무슨 일을 하고 싶은지 물으면 다들 만면에 미소를 띠고 말합니다.

 "저는 여행을 좋아해요. 죽기 전에 한 번 더 배낭여행을 가고 싶어요."

 "저는 과감하게 머리를 초록색으로 염색하고 싶어요."

 듣다 보면 저도 모르는 사이 기분이 들뜹니다. 그리고는 생각합니다.

'정말로 그렇게 원한다면 그냥 하면 될 텐데….'

우리는 사리 분별을 할 줄 아는 인생의 베테랑이므로 남에게 폐를 끼치거나 도가 지나칠 것이란 걱정은 없습니다. 망설이는 이유는 역시 주변의 시선 때문이겠지요. 또 다른 이유는 가족의 존재입니다.

예를 들어, 여러분이 새빨간 옷을 입고 머리를 초록색으로 염색했다고 가정해 봅시다. 아마 주변 사람들은 '멋진 할머니'라고 말하겠지요. 하지만 그뿐입니다. 그냥 한마디 평에 지나지 않습니다.

그런데 가족은 다릅니다. "제발 그만 좀 해, 창피하잖아"라며 말릴 수도 있습니다. 즉 세상의 시선을 확대해석하고 과민하게 받아들이는 쪽은 오히려 가족인 경우가 많습니다.

의사에게서 "혈압이 높으니 술을 줄이세요"라는 조언을 들었을 때도 마찬가지입니다. 가족은 그 말을 곧이곧대로 받아들이기보다 "술은 절대 안 된다", "염분은 줄여야 한다", "고기보다는 생선을 먹어라", "튀긴 음식은 피해야 한다"며 생활 전반을 통제하려 합니다. 물론 그런 걱정과 조언이 고맙지 않은 것은 아닙니다. 하지만 솔직히 말하면, 그것은 '고마운 민폐'에 가깝습니다.

그 모든 조언은 여러분을 위한 것 같지만 사실은 가족 자신을 위한 것이기도 합니다. 조금 더 짐작해 보면, 가족이 여러분을 얽매는 이유는 자신이 불쾌한 일을 겪고 싶지 않기 때문입니다.

"와, 저 할머니 너무 튄다"는 말을 듣는 순간, 가족은 스스로가 부끄러워집니다. 또 여러분이 뇌졸중이라도 겪게 되면, 가족은 "내가 술을 말렸어야 했는데" 하며 자책하게 되지요. 그런 상황을 피하고 싶은 마음에서라도, 가족은 결국 여러분을 통제하려 드는 것입니다.

그러므로 가족은 개의치 말고 원하는 바를 행하면 됩니다. 지금이라서 할 수 있는 일이고 다시 말하면 지금밖에 할 수 없습니다. 마지막 기회일지도 모릅니다.

사람의 마음,
아무리 읽어내려 해도 안 되는 것

   가족은 분명 고마운 존재이지만, 동시에 꽤나 불편한 존재이기도 합니다.

   제가 평소 '부자의 역설'이라고 부르는 이야기가 하나 있습니다.

   남편과 사별한 한 여성이 있다고 가정해 봅시다. 어느 날 마음이 잘 맞는 연하의 남성을 만나 가까워지고, 재혼까지 생각하게 됩니다.

   그런데 이 여성에게 만약 재산이라도 조금 있다면, 자녀들은 재빨리 반대하고 나섭니다.

   "그 남자는 분명 재산을 노리고 있어요!"라면서, 절대 만나지 말라고 말하지요.

반면, 재산이 없는 여성이라면 상황은 달라집니다. 자녀들은 오히려 쌍수를 들고 교제를 찬성하며, "좋은 사람 만나 다행이에요"라고 말합니다.

즉 부모가 누군가를 만나는 것을 반대하는 자녀들의 마음속 한편에는 부모의 재산에 대한 기대가 숨겨져 있는 것입니다. 겉으로는 '좋은 사람을 만나서 다행'이라고 말하지만, 그 이면에는 '우리 부모를 잘 돌봐줬으면' 하는 바람도 숨어 있습니다.

아무리 효자나 효녀라 해도, 결국 자신의 삶이 우선이기 때문입니다.

그렇다면 부모도 자신의 인생을 최우선으로 생각하고 원하는 대로 살면 됩니다.

만약 70세의 여러분에게 결혼하고 싶다는 사람이 있다면 이는 마지막까지 돌봐줄 각오가 되어 있다는 뜻입니다. 도중에 이혼한다면 재산은 얻을 수 없으니까요.

결혼하지 말라고 말리던 자녀가 노후에 열과 성을 다해 돌봐준다는 보장은 없습니다. 그렇다면 역시 자신의 마음이 가는 대로 따르는 것이 가장 좋습니다.

가령 상대방이 재산을 노린다고 해도 뭐 어떻습니까. 좋아하고 함께 있고 싶다면 한편으로 즐기면 됩니다. 건강할 때만 가능한 일이니까요. 이것이 건강을 유지하고 장수로 이어지는 비결입니다.

애초에 사람의 마음이란 그 진정한 내면의 모습까지 알 수 없는 법입니다. 오랜 기간 정신건강의학과 의사로 일해왔지만 역시 인간의 속마음은 알 수 없습니다. 하지만 겉으로 보이는 다정함은 알 수 있습니다. 그렇게 겉으로 보이는 다정함일지라도 인간은 어느 정도 행복을 느낍니다.

편안한 노후,
좋은 사람이라는 가면을 벗자

　오랫동안 고령자 의료에 종사하면서 절실히 느끼게 된 사실은 '여성은 손해를 본다'라는 것입니다.

　'손해'라는 말이 조금 어폐가 있을지도 모릅니다. 지금까지 '손해를 보는 역할을 맡았다'라는 표현이 좀 더 정확할 수도 있습니다. 특히나 행복한 노년 여성일수록 손해를 보는 역할을 맡아온 셈입니다.

　예를 들어 남편과 아내가 맞벌이였다고 합시다. 누가 집안일을 도맡아서 합니까? 대부분 아내였을 것입니다. 자녀를 돌보는 일도 남편의 뒷바라지도 시댁을 챙기는 일도 학교나 반상회 임원도 아내가 중심이었을 것입니다. 똑같이 일하면서도 여성이 손해를 보는 것입니다.

　왜 이런 일이 반복될까요? 할 수 있기 때문입니다.

　남편은 "나는 못 하겠어" 하며 버티고, 결국 아내에게 떠넘깁니다.

　사실 아내도 "나도 못 하겠다"고 말하고 싶지만, 누군가는 해야 하기에 결국 본인이 고집을 꺾고 떠맡게 됩니다. 손해를 보는 셈이지요.

　그리고 겨우 육아가 끝났다고 생각한 순간, 이번에는 부모를 돌봐야 할 일이 닥쳐옵니다. 간신히 부모 돌봄에서 벗어났나 싶으면, 이제는 퇴직한 남편을 돌봐야 하는 처지가 됩니다.

　이렇게 손해 보는 역할을 도맡게 되는 현실이 안쓰럽기만 합니다.

　하지만 이러한 흐름에 몸을 맡긴 채 내버려 두면 결국 끝없이 손해를 보며 지쳐가는 삶을 살게 됩니다. 이 상황을 바꾸고 싶다면, '손에서 놓는 것'이 먼저입니다.

　"나는 하지 않겠다"고 단호하게 내려놓는 것이 필요합니다.

드디어 해방의 날이 왔다는 태도로 나가지 않는 한 노후에도 손해를 볼 뿐입니다. 노후를 더 알차게 채우고 싶다면 손에서 놓을 것. 단지 이뿐입니다. 간단합니다.

성형한 얼굴,
당당하게 떳떳하게 말하면 어때

제3장에서 '성 호르몬이 부족하다면 보충하면 된다'고 설명한 바 있습니다.

그런데 일부 환자들은 성 호르몬 같은 것은 굳이 보충하고 싶지 않다며 거부 반응을 보입니다. 질병을 고치기 위한 치료에는 순순히 따르면서도, 부족한 부분을 채우는 일에는 오히려 반발심을 보이는 것이지요.

이제는 이런 태도가 일본인의 국민성처럼 느껴지기도 합니다. 반칙이 아님에도 불구하고, 왠지 '반칙 같다'고 말하고 싶어지는 심리 말입니다.

예를 들어, 누군가 가발을 쓴 것을 보고 "가발 썼네"라고 말하거나, 주름이 없는 얼굴을 보고 "보톡스 맞았나 봐"라며 눈살을 찌푸리는 경우가 있습니다.

하지만 가발도, 보톡스도 결코 나쁜 것이 아닙니다. 나이를 먹었어도 외모가 젊어 보이면 삶에 대한 의욕이 생기고, 더 활기차게 변할 수도 있으니까요.

남이 무슨 말을 하든 신경 쓸 필요 없습니다. 의욕이 생기고 활동적이라면 필연적으로 건강하고 장수할 수 있는 확률은 높아집니다. 제힘으로 좋아하는 것을 즐기면서 장수를 맞이할 가능성이 커지는 것입니다. 아주 멋진 일입니다.

영양소도 마찬가지입니다. 식사만으로 충분하지 않다면 영양제로 보충하면 됩니다. 그런데도 일부 사람들은 영양제가 자연에서 온 것이 아니란 이유로 섭취를 꺼립니다. 명확한 이유는 알 수 없지만, 마치 반칙이라고 느끼는 것처럼 보입니다.

당연히 식사에서 모든 영양소를 섭취할 수 있다면 가장 이상적인 일입니다. 그러나 아무래도 부족할 수밖에 없습니다. 고령자가 되면 체내에서 생성할 수 없는 성분도 있기

때문입니다. 예를 들어 콜레스테롤도 그중 하나입니다. 그렇다면 부족한 영양소는 보충해야 합니다. 아주 정직하고 합리적인 방법입니다.

의사에 대한 평가에서도 비슷한 경향을 볼 수 있습니다. 일본인들은 흔히 대학병원의 의사는 훌륭하고 미용 성형외과 의사는 그보다 못한 의사라고 생각합니다. 마치 돈을 긁어모으는 악덕 의사인 양 여기는 듯합니다. 하지만 이 평가는 그야말로 잘못되었습니다.

저는 고령자를 검사와 약물로 휘청거리게 만드는 대학병원 의사야말로 악덕 의사라고 생각합니다. 반대로 고령자를 아름답게 만들어 삶의 의욕을 불어넣는 미용 성형외과 의사는 훌륭한 의사 아닐까요. 건강을 뺏는 의료냐, 건강을 만드는 의료냐. 부족한 부분을 보충하여 건강을 되찾을 수 있다면 그것이 가장 좋은 것임이 틀림없습니다.

모아놓은 돈,
죽을 때 무덤에 가져가지 못한다

 2025년을 기준으로 개인당 최소 3억 원 이상의 노후 자금이 필요하다는 기사가 종종 나오곤 합니다.

 하지만 고령자 의료 현장에서 일하는 사람으로서 말씀드리자면, 이런 기사는 현실을 제대로 반영하지 못한 탁상공론에 불과하며 크게 걱정할 필요가 없다고 생각합니다.

 왜냐하면 일정 연령에 이르면 돈을 그렇게 많이 쓸 필요가 없는 시기가 찾아오기 때문입니다. 게다가 요양이 필요하거나 치매에 걸리면 돈을 쓰고 싶어도 제대로 쓸 수 없는 상황에 놓이게 됩니다.

 서글픈 이야기하지 말라고 질책하는 목소리가 들리는

듯합니다. 하지만 주눅이 들게 하려고 이런 말을 하는 것이 아닙니다. 오히려 반대입니다. 기운을 북돋기 위해서입니다. 저는 기회가 있을 때마다 돈은 쌓아두지 말고 살아생전 모두 써야 한다고 주장합니다.

만약 원하는 대로 살다가 전 재산을 탕진했다고 해도, 수중에 돈 한 푼 없더라도 살아갈 수 있는 방법이 없는 것은 아닙니다. 일본이 고령자에게 냉정하다고 말하는 사람이 있지만, 길거리에 쓰러져 죽도록 방치하는 냉혹한 나라는 아닙니다. 생활보호를 받으며 살 수도 있고, 공적 간호 서비스도 받을 수 있습니다. 이것은 일본뿐 아니라 초고령사회로 빠르게 진입하고 있는 이웃 한국의 경우도 마찬가지입니다.

극단적이지만 다음 두 가지 중에서 하나를 골라봅시다.

❶ 하고 싶은 것을 참고 성실하게 저축을 했는데 어느 날 거동할 수 없게 되었다.
❷ 하고 싶은 것을 마음껏 하다가 어느 날 거동할 수 없게 되었다.

저라면 망설임 없이 ❷를 고르겠습니다. 세계 일주 여행도, 포르쉐를 타는 꿈도 건강할 때만 이룰 수 있습니다.

움직이지 못하는 상태가 된 후에 '그때 했으면 좋았을 걸' 하고 후회할지, 아니면 '그래도 만족스러운 인생이었다'고 생각할지는 모두 건강한 지금에 달려 있습니다.

저축한 돈이 없다고 걱정하면 마음이 어두워지지만, 지금 가진 돈을 어떻게 즐겁게 쓸지 생각하면 활력이 생기고, 그것이 결국 장수로 이어집니다.

돈이 없다면
나라에 낸 돈을 돌려받으면 된다

경제적으로 어려운 환자에게 국가에서 기초생활수급을 받을 수 있다고 말하면 대개 다음과 같은 반응이 돌아옵니다.

"기초생활수급이라니, 말도 안 돼요", "남들이 나를 뭐라고 생각하겠어요?" 혹은 "그건 인생이 바닥까지 떨어졌다는 뜻 아닌가요?"라는 식의 부정적인 반응입니다.

하지만 그렇게 생각할 필요는 없습니다. 왜냐하면 지금까지 오랫동안 세금을 많이 냈기 때문입니다.

비록 근로소득세와 같은 직접세를 내지 않았더라도, 소비세·주류세·담뱃세와 같은 간접세는 오랫동안 내왔을 것입니다. 그것을 돌려받는다고 생각하면 됩니다. 지금까지 낸 세금을 제대로 돌려달라, 약속하지 않았느냐, 돌려주지 않으면 사기나 마찬가지라고 강하게 주장하는 것입니다.

오히려 목소리를 내지 않는 것이 국민의 의무에 반하는 행동입니다. 잘못된 일은 잘못되었다고 말하는 것. 받아야 할 것을 제대로 받는 것. 그렇게 해서 국민의 본보기를 보이는 것도 고령자의 의무이자 권리입니다.

지난번에도 아침 방송에서 월 60만 원을 받는 연금생활자를 밀착 취재하면서 생활이 얼마나 쪼들리는지에 대해 소개한 바 있습니다. 모아둔 돈도 없고 60만 원으로 월세까지 내야 하니 분명 힘든 일입니다. 그런데 의문스러운 점이 변호사라는 직함을 가진 사람을 포함해 사회자까지 누구 하나 기초생활수급에 대한 말을 하지 않은 것입니다.

저축도 집도 없다면 기초생활수급 제도로 보장됩니다. 도쿄에서는 최저 생활비에서 연금수급액을 뺀 70만 원을 받게 되므로 생활비는 월 130만 원이 됩니다. 의료비도 버스요금도 거의 무료입니다. 사치는 부리지 못하겠지만 지금보다 조금 더 나은 생활을 할 수 있는 금액입니다.

기초생활수급이 그렇게 좋지 않은 일일까요? 허세를 부리지 않고 받으면 됩니다. 연금도 제대로 내지 않았는데 면목이 없다거나 저축했던 돈을 모두 써버렸다고 자책할 필요가 조금도 없습니다.

일본에서 기초생활보호 지급액은 어떻게든 생활을 할 수 있는 수준으로 결정됩니다. 가령 지급액이 70만 원이라면 70만 원 정도로 생활할 수 있다는 계산입니다. 130만 원을 받게 되면 50~60만 원은 용돈으로 쓰고 한 달에 한 번 정도는 밖에 나가서 맛있는 음식을 먹을 수도 있습니다. 일본 헌법에서는 '건강하고 문화적인 최소한의 생활을 할 권리'를 보장하므로, 입고 먹고 물을 마시는 이상의 문화생활비를 30만 원 정도 받을 수 있도록 금액이 정해져 있기 때문입니다.

고령자는 지금까지 이 나라를 지탱해 왔으니 아무도 신경 쓸 필요 없습니다. 당당하게 신청하면 됩니다. 열등감이나 자책감 따위를 느낄 필요가 전혀 없습니다.

오기란 것은
부리면 부릴수록 손해를 본다

 대부분 어릴 적 혹은 젊었을 때 이런 말을 들어본 경험이 있을 겁니다. "지금 참고 견디면 나중에 좋은 일이 생길 거야."

 어떻습니까? 현재를 희생해서 밝은 미래가 기다리고 있었나요?

 예를 들어 종신고용·연공서열 제도는 1990년대 후반에 무너졌습니다. 젊었을 때 열심히 하면 회사가 마지막까지 보살펴 줄 것이라고 철석같이 믿고 최선을 다해 일했는데 **실적 악화를 이유로 수많은 50대의 사람들이 구조조정을 당했습니다**.

연금도 마찬가지입니다. 젊었을 때 열심히 보험료를 납부하면 60세부터 충분한 생활을 보장할 연금을 지급하겠다고 약속했지만, 실제로는 연금액이 줄어들고 수급 개시 시기도 65세로 늦춰졌습니다. 앞으로는 70세로 연장될 것이 뻔히 보입니다. 이는 '국가적 사기'라고 해도 과언이 아닙니다. 그런데도 불만을 드러내는 사람은 많지 않습니다. 이것은 매우 비정상적인 상황이며, 이러한 비정상적인 현실의 결과가 여러 곳에서 분출되고 있습니다.

불만을 참고 견디며 미래를 위해 이를 악물고 노력해도 결코 보답받지 못합니다. 참는 만큼 손해일 뿐입니다.

정치인이나 텔레비전에 나오는 소위 전문가의 말을 믿고 참으려 해도 결국 손해를 보는 것은 국민입니다. 코로나19 사태를 포함해 여러 차례 이런 경험을 했습니다.

그러므로 인생의 마지막에는 내가 원하는 방식대로 살며, 그 모습이 '이렇게 살아도 괜찮다'라는 하나의 본보기가 될 수 있다는 것을 다음 세대에 보여주는 것, 그것이야말로 노년의 중요한 역할 중 하나입니다.

비관보다는
미래에 대한 희망을 갖고 살기

저는 지금의 정치인에게 기대하지 않습니다. 하지만 미래에는 희망을 갖고 있습니다. 과학기술을 비롯해 세계는 나날이 진화하고 있기 때문입니다.

그런데도 일본인, 특히 고령자는 그 의식이 낮은 편입니다. 사실은 미래에 더 희망을 가져야 하는데 지금의 상황으로만 판단하고 부정적으로 생각하고 맙니다.

예를 들어 의학이 진보에 진보를 거듭하면 말기암도 치료할 수 있을지 모릅니다.

높은 혈압이나 혈당치가 괜찮다고 말하는 이유 중 하나는 미래에 희망을 갖기 때문입니다. 동맥경화는 아마 진행되겠지만 iPS 세포˙가 실용화되면 젊었을 때의 혈관으로 돌아갈 수도 있습니다.

현대에서는 불가능한 일도 10년 후나 20년 후에는 손쉽게 해결할 수 있을지 모릅니다. 자식에게 미움받아 돌봐줄 사람이 없어질지 모른다고 걱정하는 사람이라면, 10년 후에는 간호 로봇이 실용화되어 돌봄을 받을 수도 있습니다.

이미 챗GPT의 등장으로도 알 수 있듯이 로봇이 대화 상대가 되는 미래가 현실로 다가오고 있습니다. 목욕과 식사 보조, 화장실, 기저귀 갈이까지 해줄 수도 있습니다. 이것이 실용화되면 시설에 들어갈 필요도 없어집니다. 로봇은 한 대당 수천만 원이나 할지 모르지만 반대로 국가의 요양 비용이 급감할 테니 비용 보조도 기대할 수 있습니다.

휠체어도 본격적인 자율주행에 더해 속도 역시 시속 50킬로 정도로 빨라질 것입니다. 혹은 적재량 100킬로그램의 드론이 실용화되어 병원까지 보다 빠르고 안전하게 이

• 유도만능줄기세포(Induced Pluripotent Stem Cell). 성인의 피부나 혈액 같은 일반 세포를 '줄기세포'처럼 되돌린 것으로 장기 재생이나 난치병 치료 등에 활용될 수 있는 획기적인 기술로 평가받는다_옮긴이

동할 수 있을지도 모릅니다. 그렇게 되면 미래를 위해서라며 지금 참고 견디는 일이 완전히 헛수고인 셈입니다. 이처럼 지금 우리가 걱정하던 수많은 일들이 점차 해결될 수 있을 것입니다.

그렇다면 미래를 비관하기보다 희망을 갖고 지금을 즐기는 편이 좋지 않을까요? 그편이 건강하고 행복하게 오래 살 수 있을 것입니다.

지금의 고령자 세대는 전쟁 이후 허허벌판이 된 상황에서 나라를 선진국으로 끌어올렸고, 석유 파동이나 버블 붕괴 같은 위기에도 꺾이지 않았으며, 수많은 재난을 겪고도 꿋꿋이 일어섰습니다.

그렇기 때문에 우리는 다시 한번 다가올 미래에 희망을 가질 수 있습니다.

편리한 세상, 고령자의 목소리가 만들어낸다

 지금의 침체된 경제를 회복하기 위해서는 고령자의 변화가 필요합니다. 예를 들어, 고령자를 위한 간호 로봇이 출시됐을 때 '사겠다'는 수요가 늘어나면, 개발 속도는 더욱 빨라질 것입니다.

 10년 후에나 완성될 기술이 6년 만에 실현될 수도 있고, 대량 생산이 이뤄지면 가격 역시 내려갈 수 있습니다. 예컨대 5,000만 원짜리 로봇이 1,000만 원까지 떨어질 수도 있는 것이지요.

 고령자 중에는 인내심이 강한 분들이 많아 고개가 절로 숙여질 정도입니다. 이것은 일본인의 미덕일 수도 있지만,

동시에 '요구 수준이 낮다'라는 약점으로 작용할 수도 있습니다.

운전면허 반납 문제도 마찬가지입니다. 모두의 안전과 행복을 생각한다면, 단순히 운전을 포기하는 것이 아니라 "사고가 나지 않는 자동차를 만들어 달라"고 적극적이고 건설적인 요구를 해야 할 때입니다.

저는 고령자에게 면허를 반납하지 않아도 된다고 거듭 말하고 있는데 그 이유는 사회를 발전시키기 위함이기도 합니다. 운전에 자신이 없다면 면허를 반납하는 것이 아니라 사람이 핸들을 잡지 않으면 됩니다.

자율주행차는 머지않아 완성될 것입니다. 그렇게 되면 사고를 일으키지 않고 차를 탈 수 있습니다. 하지만 일단 면허를 반납해버리면 다시 운전대를 잡기가 쉽지 않습니다. 그러므로 고령자가 해야 할 일은 면허 반납이 아니라 보다 안전하고 성능 좋은 자율주행차를 빨리 만들라고 요구하는 것입니다.

애초에 진화라는 것은 불편함에서 생겨납니다. 전등이 발명된 것도 냉장고와 세탁기가 생겨난 것도 불편한 생활을 편리하게 만들려는 발상에서 시작되었습니다.

지금의 사회에서 가장 불편을 겪고 있는 세대가 고령자입니다. 즉 고령자는 세계의 진보에 가장 공헌하기 쉬운 사람들입니다.

노인이 무슨 말을 해도 변하지 않을 것이라며 자신을 비하해서는 안 됩니다. 고령자가 불편하니 얼른 바꿔 달라고 요구함으로써 사회가 변하는 것입니다.

고령자는 스스로 뺄셈이 아니라 덧셈으로 생각해야 합니다. '짐'이라고 뺄셈으로 생각하지 말고 우리에게는 사회를 바꿀 '힘'이 있다고 덧셈으로 생각하는 것입니다. 그렇게 사회를 움직여 가야 합니다. 이는 고령자만이 할 수 있는 소중한 역할입니다.

함께하는 미래,
고령자의 돈이 변화를 만든다

지금의 젊은이들에게 무엇을 갖고 싶은지 물어보면 딱히 없다는 대답이 돌아옵니다. 이는 불편함을 느끼지 않기 때문입니다.

그런데도 **기업은 젊은이들을 위한 물건만 개발**합니다. 이상하지 않나요? 사실은 가장 불편한 고령자야말로 원하는 바가 많은데도 말입니다.

간호 로봇도 그렇습니다. 사고가 일어나지 않는 자동차, 좁은 곳에서도 주행할 수 있는 휠체어, 배설물이 순식간에 굳어버리는 종이 팬티 등도 있으면 편리할 것입니다. 요양상품도 좀 더 멋진 디자인으로 나오면 좋겠지요.

이러한 욕구가 반영되지 않는 이유는 고령자의 목소리를 듣지 않는 것이 아니라 고령자가 목소리를 내지 않기 때문입니다. 정확히 말하면 **고령자가 자신이 원하는 것에 돈을 쓰지 않기 때문입니다**.

인구수와 사용 가능한 돈을 생각한다면 시장에서는 젊은이를 위한 상품보다 고령자를 위한 상품을 보다 많이 개발해야 하는데 기업은 그렇게 하지 않습니다. 왜냐하면 고령자가 돈을 아낀다고 생각하기 때문입니다.

《80세의 벽》이 큰 인기와 반향을 얻은 뒤, 고령자를 위한 상품 개발에 함께하자는 기업이 나타날 줄 알았습니다. 하지만 실제로는 어떤 기업도 그런 제안을 하지 않았습니다. 오직 출판사만이 움직였습니다. 물론 그것은 고령자를 위한 책이 잘 팔리기 때문입니다.

이러한 사례는 '돈을 쓰면 세상이 움직인다'는 사실을 보여주었습니다. 고령자를 위한 영화도 큰 인기를 끌었지요. 이처럼 **세상이 고령자를 더 즐겁고 편안하게 만들기 위해 적극적으로 움직이길 바랍니다**.

그리고 그 변화의 원동력은 결국 고령자 자신입니다.

★ 맺으며 ★

 저는 중장년 여성 여러분이 더 큰 자신감을 갖고, 원하는 삶을 살아가시길 응원합니다.

 그 이유는 여러분이 이미 수많은 경험을 통해 깊은 내공을 지닌 분들이기 때문입니다. 육아, 경제적 어려움, 병간호, 남편 뒷바라지, 부모님 돌봄까지…. 하나하나 세어보면 끝이 없습니다. 그 모든 시간을 견뎌온 것은 결코 당연한 일이 아닙니다. 정말로 대단한 일입니다.

 이제는 스스로에게 '정말 잘해왔다'고 말하며, 가슴을 펴고 당당해져야 할 때입니다.

이 책은 '80세의 벽'을 넘어서려는 여성들의 밝은 미래, 자신만의 빛을 잃지 않고 살아가는 모습을 떠올리며 썼습니다. 실천은 여러분의 몫입니다.

물론 여러분 곁의 가족이나 남편이 온전히 지지해 주지 않거나, 때로는 갈등이 생길 수도 있습니다. 그럴 때 이 책이 작은 힘이 되었으면 합니다.

정말 좋은 책이라며 아무 말 없이 방 한구석에 툭 던져두세요. 어느 날 여러분이 예전보다 더 즐거워 보이고 한층 빛나 보인다면 가족도 남편도 문득 이 책을 펼쳐보게 될 것입니다. 그리고 그제야 비로소 여러분을 이해하게 될지도 모릅니다.

나답게, 즐겁게.

여러분의 하루하루가 조금이라도 더 알차고 환해지길 진심으로 바랍니다.

끝으로 이 책의 편집에 함께 힘써주신 기다 아카리 씨와 야마시로 미노루 씨께 깊은 감사를 드립니다.

여성을 위한
80세의 벽

옮긴이 _ 김향아

일본 오사카대학 대학원에서 일본어학으로 석사 학위를 받고, 한국으로 돌아와 금융사 및 기업에서 통·번역과 실무 업무 등을 담당했다. 읽고 쓰고 배우는 것을 좋아하며 새로운 분야에 접하는 것을 좋아한다. 의료통역사 자격을 갖고 있으며 현재 바른번역 소속 번역가로 활동하고 있다. 옮긴 책으로는 《1년 뒤 오늘을 마지막 날로 정해두었습니다》, 《이유 없이 아프다면 식사 때문입니다》, 《살고 싶다면 웨이트》, 《백년다리》가 있다.

여성을 위한
80세의 벽

1판 1쇄 인쇄 2025년 9월 1일
1판 1쇄 발행 2025년 9월 8일

지은이 와다 히데키 **옮긴이** 김향아
펴낸이 김기옥

경제경영사업본부장 모민원
경제경영팀 박지선, 양영선
마케팅 박진모
경영지원 고광현
제작 김형식

표지디자인 블루노머스
본문디자인 성은경(이야기올제)
인쇄·제본 민언프린텍

펴낸곳 한스미디어(한즈미디어(주))
주소 121-839 서울시 마포구 양화로 11길 13(서교동, 강원빌딩 5층)
전화 02-707-0337 | **팩스** 02-707-0198 | **홈페이지** www.hansmedia.com
출판신고번호 제 313-2003-227호 | **신고일자** 2003년 6월 25일

ISBN 979-11-94777-38-0 (03510)

책값은 뒤표지에 있습니다.
잘못 만들어진 책은 구입하신 서점에서 교환해 드립니다.